게슈탈트

목회상담

게슈탈트 목회상담

워드 나이츠 Jr. 지음

●

윤인 · 이한종 옮김

Σ 시그마프레스

게슈탈트 목회상담

발행일 | 2006년 11월 30일 초판 1쇄 발행

저자 | Ward A. Knights Jr.
역자 | 윤인, 이한종
발행인 | 강학경
발행처 | (주)시그마프레스
편집 | 김명숙
교정·교열 | 문수진

등록번호 | 제10-2642호
주소 | 서울특별시 마포구 성산동 210-13 한성빌딩 5층
전자우편 | sigma@spress.co.kr
홈페이지 | http://www.sigmapress.co.kr
전화 | (02)323-4845~7(영업부), (02)323-0658~9(편집부)
팩시밀리 | (02)323-4197

인쇄 | 성신프린팅   제본 | 세림제책

ISBN | 89-5832-284-5   가격 | 12,000원
         978-89-5832-284-9

Pastoral Counseling : A Gestalt Approach

✳ 추천문

"결코 남에게 나쁜 말을 하지 말라"는 말이 결정적인 순간에 뇌리를 스치고 간 일이 있다. 그러나 만일 남에게 나쁜 말을 하지 않는다면, 사람들이 행하는 끔찍한 일들을 어떻게 정의해야 하며, 사람들이 그 끔찍한 일을 그만두도록 어떻게 이야기를 해야 하는가? 만일 나쁜 행동들에 관해 이야기하지 않는다면 어떻게 사람들과 대화를 해야 하는가?

이 규칙을 지키려는 노력은 심리치료에 대한 나의 자세를 송두리째 바꾸어 놓았다. 환자들이 자신의 방어기제를 인정하고 그만두게 해야 하며, 갑옷을 벗어 버리도록 해야 하며, 자신을 힘들게 하는 행동을 그만두게 해야 한다는 전통적인 관점을 포기한 것이다. 이제 내가 해야 할 일은 사람들이 자기 자신이 누구인가를 파악할 수 있도록 돕는 것임을 깨달았다. 그러자 모든 방어기제들과 갑옷, 그리고 자신을 어렵게 하던 행동들이 스스로 사라져 갔다. 방어기제에 초점을 맞추고 있을 때 우리가 보는 것은 환자의 참된 모습이 아니다. 정체성－자기 자신이 누구인가－을 파악하기 위해서는 방어기제와 갑옷을 뚫고 바라보아야 한다. 방어기제를 통해 알 수 있는 것은 내담자의 정체성에 관한 극히 제한된 정보에 불과하다. 방어기제가 가지고 있는 모든 측면들을 다각적으로 바라볼 수 있을 때, 방어기제는 더 이상 방어기제가 아니라 정체성의 일부분임을 깨닫게 된다. 방어기제는 내담자 자신도 명확하게 알고 있지 못하며, 무의식 속에서 모습을 드러내려고 한다. 내가 심리치료에 대한 관점을 전환하게 된 것은 과학적인 통찰의 결과이기보다는 영적인 통찰의 결과였다.

'사람들이 누구인가'를 알아 가는 작업이, 예수가 사람들 속에 존재하는 선함을 믿은 것과 다르지 않다는 사실을 깨닫기까지는 많은 시간이 걸렸다. 예수는 사악한 것과 싸우기보다는 그것에 등을 돌리는 것이 낫다고 믿었다.

우리 모두는 자신이 누구인가를 알고자 하지만, 자신에 관해 발견하게 될 것들을 두려워할 때에 방어적이 되고 만다. 정체성을 잃어버리는 것은 무엇보다도 커다란 손실이다. 본연의 자신을 직면하는 것은 대단히 고통스러울 수 있지만, 결과적으로는 삶의 모든 문제들―상처와 죽음까지도―을 평화로운 깨달음의 경험으로 바꾸어 준다. 예수는 이것을 알고 있었으며, 이것이 예수에게 죽음 속으로 당당히 걸어갈 힘을 주었다.

Ward Knights는 상담에 대한 영적 접근법 속에 게슈탈트를 도입하였다. 이것은 우리 존재의 근원까지 파고 들어가는 심리치료 접근법이다.

Knights가 영적인 관점에서 게슈탈트 접근법의 핵심을 다루어 주어서 기쁘다. 나는 Knights가 목회상담뿐만 아니라 게슈탈트 접근법에 관한 훌륭한 교과서를 선사해 주었다고 생각한다. Fritz Perls는 과거의 기억들을 통해 인간의 문제를 설명하는 정신분석과 결별하고, 우리가 현재를 살아가며 선택하는 것들이 어떻게 우리의 욕구를 실현시키는가에 초점을 맞추었다. Kights는 대단히 명료하고 이해하기 쉽게 Fritz의 게슈탈트 접근법―Fritz 이

후에 새롭게 등장한 게슈탈트 접근법의 개념들도 포함하여-을 제시해 주
었다.

의학박사 Robert H. Olin

Gestalt Therapy Institute of Minnesota 소장

✳ 저자 서문

이 책은 게슈탈트 접근법의 관점에서 목회상담을 다루었다. 저자가 원하는 것은 게슈탈트 접근법과 목회상담의 통합에 관한 저자의 생각과 경험을 독자들과 공유하는 것이다. 양자의 통합은 저자가 30년이 넘는 세월 동안 목회자, 목회상담자, 임상목회교육자, 게슈탈트 치료자로서 활동하며 탐색해 온 과정이라고 할 수 있다.

우리는 지금 게슈탈트 접근법의 부흥을 목격하고 있다. 최초의 게슈탈트 치료기관은 1952년과 1954년에 각각 뉴욕과 클리블랜드에 설립되었다. 이후 지금까지 많은 게슈탈트 치료기관이 세워졌다. Gestalt Directory에 의하면, 미국에만 31개소의 게슈탈트 치료기관이 있으며, 그 밖의 국가에도 20개소가 존재한다. 이러한 기관들은 일일 워크숍에서부터 게슈탈트 전문가 자격을 부여하는 3년 과정에 이르기까지 다양한 프로그램을 제공한다. 게슈탈트 치료자들은 미국 내 40개 주, 해외 22개국에서 활동하고 있다. 1999년에는 International Gestalt Therapy Association(IGTA)이 창립되었다. IGTA의 목표는 전세계에 게슈탈트 치료를 홍보하고 게슈탈트 치료의 발전을 도

모하는 것이다. 2002년에는 캐나다의 몬트리올에서 IGTA의 창립총회가 개최되었다. *The Gestalt Therapy Journal*은 20년 전부터 발행되고 있으며, 인터넷에도 게슈탈트와 관련된 다양한 사이트들이 존재한다. 참으로 활발한 활동이 진행되고 있는 것이다.

이 책에서는 가능한 한 이론보다는 경험을 중점적으로 제시하였다. 게슈탈트 접근법을 이해하면 알 수 있겠지만, 인간의 경험은 경험에 관한 진술보다 훨씬 중요하다. 독자들이 이 책을 읽으며 자신의 개인적인 경험—특히 종교적인 경험—속으로 보다 깊이 들어갈 수 있기를 바란다. 인간의 어떤 행동이든 간단한 용어로 이해될 수 있다는 Fritz Perls의 믿음을 따라, 저자는 이 책에서 심오한 이론을 제시하려고 하지 않았다.

이 책에 제시된 상담사례들에 관해서는 비밀보장에 최선의 주의를 기울였다. 또한 개인을 드러낼 수 있는 어떤 특정한 정보도 제시하지 않았다.

저자는 다음의 세 기관을 통해 게슈탈트 접근법을 이해하고, 경험하고 훈련을 받았다. 저자가 처음으로 게슈탈트를 접한 것은 Gestalt Institute of Cleveland에서였다. 저자는 그곳의 심리치료자 훈련 프로그램에 참가하여 Polster 부부의 지도하에 게슈탈트 작업들을 몸소 체험함으로써 많은 성장을 이룰 수 있었다. Gestalt Institute of Houston에서는 Mary Ann Merksema, Ken Brennon, Leland Johnson을 만나는 행운을 얻었다. Gestalt Therapy Institute of Minnesota에서는 여러 해 동안 치료자 및 교육자로서 활동하였다.

마지막으로 Gestalt Therapy Institute of Minnesota의 소장을 역임한 Robert H. Olin 박사에게 특별히 감사의 말씀을 드리고 싶다. 그는 시간을 내어 저자의 원고를 읽어 주었으며, 특히 융합과 관련된 내용을 집필할 때에 많은 도움을 주었다.

✳ 역자 서문

게슈탈트 심리치료를 기독 상담 훈련생들에게 가르치면서, 역자는 게슈탈트 심리치료를 기독 상담의 관점에서 소개할 수 있는 책이 필요하다는 생각을 오랫동안 해왔다. 그러한 책 중에서 특별히 이 책을 선택하게 된 것은 게슈탈트의 핵심 개념들을 현장경험과 동화라는 이해하기 쉬운 비유를 통해 설명하고 있어서였다.

저자는 자신의 목회상담 치료사례들을 통해 게슈탈트 병리현상들이 어떻게 드러나고 또 어떻게 치유되어 가는지 그 과정들을 상세하게 설명하고 있다. 여기에는 게슈탈트 치료를 통해 목회상담 훈련생들이 자기방어의 벽을 허물어 가는 과정이 생생하게 소개되어 있을 뿐 아니라 성경 말씀을 제대로 깨닫지 못해 겪게 되는 어려움을 치료하는 사례도 소개하고 있다. 또한 어떻게 치료적 설교가 가능한지 실제 설교를 통해 보여주고 있다.

기독 상담을 가르치고 훈련하면서 역자가 느낀 점은 자신들의 모습이 있는 그대로 받아들여지고 이해받았다고 느낄 때, 그리고 상담자가 방어하지 않고 있는 그대로 자신을 보여줄 때 내담자들이 카타르시스를 경험하면서 자기방어의 옷을 벗곤 한다는 것이었다. 또한 목회자들의 경우에는 이러한 자기 억압에서 벗어나고 싶은 욕구가 평신도 기독교인들보다 더 강하다는 것도 알게 되었다. 평신도는 물론 그 누구 앞에서도 쉽게 자신을 드러낼 수 없어 자신의 모습 속에 갇혀 외로울 수밖에 없는 목회자들을 상담 훈련을 통해 만나는 것은 어려운 일이 아니었다. 우리의 유교적 전통인 남을 의식하는 체면 때문에, 그리고 남에게 뒤지면 안 된다는 강박증에 가까운 요즘의 성공 지향적인 삶의 스타일 때문에 평신도도 목회자도 자신의 상처 받기 쉬운 내면을 딱딱한 껍질 속에 감춘 채 심리적인 어려움을 겪고 있는 모습들을 상담 훈련을 통해 만나곤 했다.

게슈탈트 심리치료는 이처럼 자신의 감정과 욕구를 억압하여 자신과 접촉하지 못하고, 진실 된 자기 모습으로부터 소외된 자신의 부분들을 자각하고 접촉하고 통합함으로써 생동감 있는 삶을 살 수 있도록 도와주는 치료법이다.

역자는 게슈탈트 치료가 특히 한국인들에게 적합한 치료법이라고 생각한다. 한국인들에게만 발견된다는 화병과 한(恨), 그리고 자주 나타나는 심인성 장애 등은 감정표현과 행동을 통한 깨달음을 억압한 유교적 전통 때문이다. 그러나 유교를 중시했던 농경사회에서는 적합했던 수직적이고 집단주의적인 인간관계는 속도와 변화를 생명으로 하는 21세기 정보산업사회, 특히 감수성과 창의성이 자산이 되어가는 요즘에는 역기능적인 관계 패턴이 되어버렸다. 유교적 전통의 이러한 역기능적인 관계로 인해 자신의 모습대로 살지 못하고 타인의 기대와 시선에 묶인 채 심리적인 어려움을 겪는 이들을 치료 장면에서 자주 만난다. 이런 사람들에게 게슈탈트 치료는 자신의 모습대로 살 수 있도록 풀어주는, 즉 자신의 개성과 가능성에 대한 자각을 높여주고 진정한 자기모습을 발견하도록 도와주는 치료법이다.

이 책은 비록 기독교적인 관점에서 쓰여졌지만 가족 간의 갈등과 같은, 모든 인간에게 동일하게 적용되는 실존적인 주제를 다루고 있기 때문에 기독교인들 뿐 아니라 상담 및 심리치료 관련 전공자와 직업종사자, 그리고 인간관계에 대한 고민이 있는 사람이라면 누구에게나 유용할 것이다. 게슈탈트 이론을 보다 광범위하고 구체적으로 이해하고 싶은 분들이 다른 게슈탈트 서적들과 함께 이 책을 보조 자료로 사용한다면 게슈탈트의 주요 개념들을 한층 더 쉽고 생생하게 이해할 수 있을 것이다.

이 책의 초벌 번역은 이한종 박사가, 그리고 2차 번역과 감수는 대표역자가 담당했다. 번역은 독자들이 쉽게 이해할 수 있도록 저자의 의도에 충실한 의역을 했다.

2006년 11월

역자 대표 윤인

✳ 차례

제1장 생명력 넘치는 알아차림을 통한 만남

게슈탈트 접근법 4

주의집중 = 알아차림 = 표현 = 완결 6

게슈탈트 접근법과 기독교 9

목회상담의 한 사례 16

제2장 인간적인 인간이 된다는 것

우리는 경험을 어떻게 차단하는가 22

지금 여기에서 36

제3장 양파 껍질 벗기기

규칙 45

게임 49

다른 자원들 56

정신역동을 보는 관점 60

제4장　옛날 옛적에

요술 성벽 이야기를 통한 게슈탈트 접근법의 이해 ……………………… 72
한편 성에서는 …………………………………………………………………… 76

제5장　게슈탈트 체험하기

알아차림 …………………………………………………………………………… 81
게슈탈트 실험 …………………………………………………………………… 83
뜨거운 의자 ……………………………………………………………………… 89
뜨거운 의자를 넘어서 ………………………………………………………… 98

제6장　통합에 이르는 왕도

꿈 작업 …………………………………………………………………………… 101
기차 세우기 ……………………………………………………………………… 106
크리스털 샹들리에 ……………………………………………………………… 115

제7장　이제는 시작할 때

배경 ………………………………………………………………………………… 122
상담회기 …………………………………………………………………………… 125
분석 ………………………………………………………………………………… 134

제8장　우리는 부족한 인간이다

부록 Frederick S. Perls(1894~1970)의 생애 ……………………………… 153
찾아보기 …………………………………………………………………………… 161

제1장

❋ 생명력 넘치는 알아차림을 통한 만남

한 사람의 목회자로서, 나는 사람과 사람 사이에 생명력 넘치는 알아
차림을 통해 만남이 이루어지기를 원한다. 서로가 서로의 있는 그
대로의 모습 하나하나에 주목하며 의미 있는 관계를 맺는 만남을 말이다.
근대 목회상담의 선구자 중 한 사람인 Paul E. Johnson은 이러한 만남의
자세를 공감적 태도라고 부르고, 사람들과 깊이 있는 의사소통을 하기 위
해 목회자들에게 우선 필요한 것은 바로 이 공감적 태도를 가지는 것이라
고 역설하였다.[1]

목회자의 사명은 생명력 넘치는 알아차림을 통해 사람들을 만나 그들의
영적인 성장을 점검하는 일이다. 나중에 자세히 언급하겠지만, 목회자의 사
명에 대한 나의 견해를 여기에서 밝혀두는 것이 독자들의 이해를 도울 것
이라고 생각한다. Charles Kemp는 목회자가 된다는 것은 '영혼의 치료자'가

---

1) Paul E. Johnson, *Psychology of Pastoral Care* (New York : Abingdon, Cokesbury, 1953),
   p. 8.

되는 것이라고 말한 바 있다.[2] 목회자가 사람들을 보다 잘 이해하고 보다 효과적으로 도울 방법을 찾으려고 하는 것은 목회자로서의 사명 때문이다.

현대의 심리학은 인간이해와 치유를 위한 새로운 지식과 도구를 제공하고 있지만, 너무나도 다양한 이론과 모델들 앞에 목회자들은 당황하지 않을 수 없다. Orlo Strunk는 전통적인 이론에서부터 최신의 이론에 이르기까지 다양한 이론들을 조사하고, 이들의 다양성과 복잡성을 지적하였다.[3] 그렇다면 목회자는 어떤 이론을 믿고 따라야 하는가?

프로이트의 정신분석 이론을 따르는 상담자들은 문제의 직접적인 원인을 밝힐 수만 있다면 문제가 해결될 것이라고 여긴다. 내담자 중심 이론을 믿는 상담자들은 내담자의 이야기를 주의 깊게 들어주기만 하면 내담자가 자신의 문제를 깨달을 수 있다고 생각한다. 합리적 · 정서적 상담이론을 사용하는 상담자들은 생각을 바꾸면 모든 문제가 해결될 것이라고 한다. 프라이멀 요법(primal therapy)을 따르는 상담자들은 진실함에 도달하기 위해서는 감정을 억누르지 말고 표현해야 한다고 주장한다. 참만남 집단 전문가들은 집단에 참석해서 '솔직하게 마음을 털어 놓는' 것이 긍정적인 효과를 불러올 것이라고 장담한다. 화학요법에서는 모든 문제가 궁극적으로 화학적 균형과 연관이 있다고 본다. 이 외에도 심리치료 이론들의 예를 들자면 끝이 없다. 그러나 이러한 이론들 중 어떤 것도 절대적으로 옳다거나 만병통치약이 될 수 없다는 점만은 분명하다. 그렇다면 기존의 심리치료 이론들은 모두 잘못된 것일까? 그렇지는 않다고 생각한다. 나의 개인적인 경험에 비추어 보면, 모든 심리치료 이론은 전인성(全人性, human wholeness)

---

2) Charles F. Kemp, *Psysicians of the Soul* (New York : The Macmillan Co., 1947).
3) Orlo Strunk, "Psychotherapy" in Rodney J. Hunter(Ed.), *Dictionary of Pastoral Care and Counseling* (Nashville : Abingdon Press, 1990), pp. 1022-1027.

의 성취에 도움이 된다. 지금까지 나는 여러 심리치료 이론을 공부했다. 어떤 이론은 단순히 흥미로, 또 어떤 이론은 상당히 깊이 공부하였지만, 모두가 한 인간으로서 그리고 목회자로서의 나의 성장에 도움이 되었음을 부인할 수 없다.

예를 들어 해답을 제시해 주지는 않지만 나를 한 인간으로서 진심으로 존중해 주면서 나의 말을 귀기울여 들어준 사람들이 지금까지 내게 얼마나 힘이 되었는지를 알게 되었다. 또한, 나의 잘못된 신념들이 나를 괴롭게 한다는 것을 깨닫게 되면서부터 부정적인 감정들을 통제할 수 있게 되었다. 그리고 참만남 집단을 통해 다른 사람들의 눈으로 나를 보기도 하고, 다른 사람들을 그 사람들의 입장에서 보기도 하는 것을 경험한 이후 다른 사람들과 보다 친밀한 인간관계를 맺을 수 있게 되었다.

이러한 다양한 경험을 통해 내가 찾고자 한 것은 아마도 내 자신을 잘 이해할 수 있는 방법뿐만 아니라 목회자로서 사람들을 잘 이해하고 도울 수 있는 방법이었을 것이다. 그러나 너무 단순하고 쉬운 방법들은 목회자는 물론 다른 어떤 이들에게도 도움이 되지 못한다는 것을 나는 일찌감치 깨닫게 되었다. 단순하고 쉬운 방법들은 연역적(전제를 인정한다면 결론도 인정해야 한다는 식의 논리)이기 때문에 사람들을 이해하고 돕는 데에 적절하지 못하다. 이러한 방법들은 인간의 경험이 가지는 의미를 확장시키기보다는 오히려 축소시킨다. 결과적으로 인간의 풍부한 경험을 포착하지도, 적절하게 다루지도 못하는 것이다. 나는 Paul Johnson과 함께 한 연구를 통해, 인간의 지각과 그것의 의미를 축소시키기보다는 확장시키는 것이 더 바람직하다는 것을 알게 되었다. 인간을 이해하기 위한 여러 이론들이 목회자의 일을 살찌우게 하는 것은 바람직한 일이지만, 어떠한 이론도 목회자를 경직된 틀에 가두어 그들이 사람들을 만나고 이해하는 것을 방해하게 해서는 안 된다.

여러 이론들이 제시한 다양한 관점들을 높이 평가한다. 하지만 인간을 보다 잘 이해하고 치유하기 위해서는 영성(spirituality)을 포함하는 총체적인 관점에서 접근해야 한다고 생각한다. 그럴 때에 비로소 생명력 넘치는 알아차림을 통한 만남이 이루어질 수 있으며, 목회자는 이러한 만남을 통해서만 사람들이 인간적인 인간이 되도록 도울 수 있다.

게슈탈트 접근법

게슈탈트 접근법은 자신과 타인을 바라보는 총체적인 관점을 제시해 주었으며, 나로 하여금 '영혼의 치료자'의 길을 걸을 수 있도록 도와주었다. 게슈탈트 접근법은 귀납적 관점(구체적 사실 하나하나에 주목하여 그로부터 일반적인 법칙을 끌어내는 방식)에서 인간의 경험에 접근한다. 이러한 게슈탈트 접근법이 영성을 향한 길로 우리를 인도해 줄 것이라고 믿는다.

게슈탈트 접근법은 Frederick S. Perls(1894~1970)의 연구에서 시작되었다. Fritz(Perls의 별칭)는 프로이트의 정신분석을 공부하였으며, 정신분석가들을 양성하는 데에 힘을 쏟기도 하였다. 그는 정신분석에 바탕을 두고 여러 해 동안 정신과 의사로서 활동했지만, 결국은 정신분석적 관점과 프로이트의 성욕 이론(sexual theories)을 포기하고 새로운 이론과 심리치료법을 개발하여 게슈탈트라고 명명하였다. 게슈탈트란 '전체성'을 뜻하는 독일어이다. Fritz에 의하면, 삶은 끊임없이 형성, 완결, 후퇴를 반복하는 게슈탈트들로 구성된다. 삶은 본질적으로 자연스러운 흐름 속에서 완성을 향해 나아간다. 삶의 의미와 의욕을 잃어버린 채 신경증, 정신병 환자가 되는 것은 다름이 아니라 게슈탈트가 완결을 향해 나아가지 못하고 있을 때이다.

1930년대 말과 1940년대 초에 Fritz는 첫 번째 저서인 *Ego, Hunger, and Aggression*을 통해 자신의 새 이론들을 발표하였다.[4] '게슈탈트 치료(Gestalt Therapy)'라는 용어는 Ralph Hefferline 및 Paul A. Goodman과 공동으로 쓴 책의 제목으로 사용되었다.[5] 시간이 흐름에 따라 Fritz의 연구는 점차 '게슈탈트 치료' 대신 '게슈탈트 접근법(Gestalt Approach)'이라고 불리게 되었는데, 이는 게슈탈트가 단순히 내담자를 치료하기 위한 방법으로서가 아니라 인간의 성장과 전체성에 접근하기 위한 방법으로 인식되었기 때문이다. 게슈탈트 전문가들의 경험과 견해가 축적되면서 게슈탈트 접근법을 다룬 논문과 저서들이 최근 급증하고 있다.[6]

Fritz는 프로이트의 관점에서 한 걸음 물러나 보다 폭넓은 관점에서 인간의 경험을 바라보았다. 그는 Frankfurt 신경학 연구소에서 Kurt Goldstein의 지도하에 게슈탈트 접근법을 접하고, Martin Buber 및 Paul Tillich와 같은 실존주의자들의 영향을 받으면서 인간의 경험을 바라보는 독자적인 관점을 형성하기 시작하였다. Fritz가 주목한 것은 우리의 삶 속에는 자연스러운 흐름이 존재하며, 삶의 의미는 과거가 아니라 현재를 충실히 살아가는 중에 찾을 수 있다는 평범한 진리였다.

게슈탈트 접근법의 관점에서 보면, 개인의 경험은 유기체/환경 구조를 통해 명확히 설명될 수 있다. 개인(유기체)과 그 개인이 처한 상황(환경)

---

4) Frederick S. Perls, *Ego, Hunger, and Aggression* (San Francisco : Orbit Graphic Arts, 1966).

5) Frederick Perls, Ralph Hefferline, Paul Goodman, *Gestalt Therapy : Excitement and Growth in the Human Personality* (New York : Dell, 1951).

6) For an excellent compilation of resources in relation to Gestalt see : Chris Hatcher and Philip Himelstein (Eds.), *The Handbook of Gestalt Therapy* (New York : Jason Aronson, Inc., 1976). pp. 779-796. For other resources consult the Web page : ⟨http//www.gestalt.org⟩.

간의 접촉은 동화, 분화 및 성장이 일어나기 위해 필요한 경험들을 제공한
다. 이러한 접촉은 유기체/환경의 장(field) 속에서 하나의 대상(figure)에
관심을 가지고 주목할 때에 발생한다. 이것은 알아차림을 만들어내는 역동
적인 상호작용이다. 알아차림은 유기체와 환경 간의 접촉이 일어나는 지점
에 주목할 때 자연스럽게 발생하며, 이곳이 바로 유기체와 환경 간의 상호
작용이 일어나는 곳이다. 알아차림은 새롭고 자유로운 방식으로 표현된다.
그리고 필요한 만큼 충족이 되면 게슈탈트는 해소되어 완결된다. 이러한
과정은 끊임없이 진행된다. 이러한 과정을 표현하기 위해 Fritz는 다음과
같은 공식을 제안하였다.

주의집중 = 알아차림 = 표현 = 완결

완결된 게슈탈트의 가장 단순한 예로 배고픔에 관련된 것을 들 수 있다.
배가 고프면 사람의 주의는 내부로 집중되기 때문에 배고픔으로 인식되는
특정한 육체적 감각을 알아차리게 된다. 그러면 육체는 그에 대한 반응으
로 먹을 것을 찾는 활동을 한다. 신체가 음식물을 섭취하면 그 욕구는 충
족되고 해소되며, 그 사람은 이제 더 이상 배고파하지 않는다. 대신에 수면
욕구 등과 같은 또다른 알아차림이 나타나게 된다.

모든 경험들이 이러한 방식으로 진행되면 삶은 완전히 충족되고 만족될
것이다. 그러나 실제 상황에서의 접촉/후퇴의 사이클은 여러 면에서 복잡
하다. 특히 감각을 제대로 사용하지 못하는 대다수의 사람들에게 있어서는
알아차림조차도 간단한 문제가 아니다. 주변에서 벌어지고 있는 일을 알아
차리고자 할 때, 사람들은 아마도 시각과 청각을 가장 많이 사용할 것이다.
그러나 시각과 청각 이외의 다른 감각들에는 둔감한 탓에 생생한 알아차림

의 기회를 너무나 많이 놓치고 있는 것이 현실이다. 심지어 시각과 청각조차도 심하게 제한되어, 성서에도 나와 있듯이 우리는 눈이 있어도 보지 못하고, 귀가 있어도 듣지 못한다(마가복음 8장 18절). 더구나 우리는 맛을 보면서도 맛을 느끼지 못하고, 냄새를 맡으면서도 냄새를 알아차리지 못하며, 만지면서도 감촉을 느끼지 못하는 경우가 허다하다. 우리 사회에서는 육신을 경시하고 육신의 지혜를 사용하는 것을 거부하고 있다.

게슈탈트 접근법의 관점에서 보면, 우리는 사고—게슈탈트 접근법의 용어로 '컴퓨터'—에 너무 지나치게 의존하고 있으며, 감각기관을 통해 입수한 정보를 부정하는 일이 많다. 게슈탈트 접근법의 관점에서 볼 때 이것은 현대인의 삶의 특성 그 자체이며, 이로 인해 오늘날 수많은 사람들이 불행하고 조각난 삶을 살고 있다.

물론 우리가 완전한 알아차림을 얻는다 하더라도 개인이나 환경 중 어느 하나가 게슈탈트의 완결을 방해하는 경우도 있다. 위에서 들었던 배고픔의 충족에 관한 예와 관련하여, 어떤 사람이 배고픔을 완전하게 알아차리게 되었지만, 먹을 것이 하나도 없다고 가정해보자. 만약 이 욕구가 충족되지 않으면 게슈탈트는 계속해서 완결을 추구할 것이고, 배고픔이 점점 심해질수록 이 욕구가 유기체/환경의 장을 지배하게 될 것이다. 그리고 결국은 다른 상황에서라면 결코 하지 않았을 부적절한 행동을 하게 될 것이다. 이것은 다윗(David)이 제단에 있는 성스러운 빵을 먹은 것(사무엘상 21장 1~6절)과 같은 맥락에서 이해할 수 있다. 오로지 그 빵을 먹어 배고픔이 해소되어야만, 즉 그 게슈탈트가 완결되어야만 알아차림의 초점이 그 이후에 나타나는 게슈탈트에 맞춰질 수 있다.

미완결 게슈탈트(incomplete gestalts)는 게슈탈트 접근법에서 종종 미해결 과제(unfinished business)라고 불린다. 미완결 게슈탈트들은 원인이 무엇이든 간에 집요하게 완결을 이루려고 하는 경향이 있다. 그러나 미완결 게슈탈트들은 그들 자체의 불완전성으로 인해 인간을 맹목적으로 만들기 쉽기 때문에 완결을 이루지 못한다. 그 결과 좌절, 불행, 불완전, 질병, 또는 신경증적 행동을 일으키는 것이다. 심지어 이것은 우리가 정신병이라고 부르는 극단적인 형태의 병리적 행동으로 나타나기도 한다.

삶이 정상적인 흐름을 되찾기 위해서는 미해결 과제를 해결해야만 한다. 미해결 과제는 우리가 신체적 욕구를 충족시키는 방식뿐만 아니라 대인관계 속에서도 발생할 수 있다. 충족되지 않거나 좌절된 심리적 욕구와 영적 욕구들 또한 미해결 과제를 만들어 낼 수 있다. 제대로 시작해 보지도 못한 채 끝나 버린 사랑, 인사도 제대로 할 여유 없이 찾아온 사랑하는 사람과의 작별, 그리고 사랑하는 것과의 작별, 신체를 움직이고 싶은 욕구의 좌절, 심지어는 신을 저주하고 싶은 욕구 또는 신을 찬양하고 싶은 욕구의 좌절조차도 미해결된 과제를 유발할 수 있다. 만약 이러한 게슈탈트들이 완성을 향해 흘러가도록 허용하지 않으면, 우리의 삶은 그만큼 풍요롭지 못하게 되고, 너무 쉽게 비참해지고 무력해질 것이다.

이것이 바로 1940년대 말 미국으로 이민한 후에 Fritz가 키워 나간 관점이었다. Fritz가 어떠한 종교와의 관련성도 인정하지 않았기 때문에 종교 분야에 종사하는 몇몇 사람들은 내 생각에 문제를 제기할지도 모르지만, 나는 Fritz로부터 배울 점이 매우 많다고 확신한다. 이는 본래부터 그의 이론 속에 심오한 영성에 대한 인식이 내포되어 때문이다. 예를 들어 Naranjo는 Fritz의 이론 속에 내포된 영성은 겉으로 드러나 있지는 않지만, 대단히 진실한 것이라고 날카롭게 평한 바 있다. Fritz는 인간의 진실함과 진실한 만남을 방해하는 위선과 가식과 맹목적 신념을 개탄하였다.[7] 게다가 Fritz가 사용한 독특한 어휘들의 의미를 알아차리지 못하면 우리는 게슈탈트 접근법에 내포되어 있는 영성을 간과하게 된다. 오늘날 상위 자아(Higher Self), 넋(soul) 또는 영혼(spirit)이라는 용어가 많이 사용되고 있지만, Fritz 는 유기체(organism)라는 단어를 사용하였다. 이렇게 평범하고 단순하고 과학적인 용어를 사용함으로써 사람들이 선입견 없이 자신의 의미를 이해 할 수 있도록 하였다. 그러나 이러한 용어들은 게슈탈트 접근법을 대단히 단순하게 보이게 만들어, Fritz의 이론의 깊이와 탁월성이 눈에 띄지 못하 게 하고, 게슈탈트 접근법에 내포되어 있는 영성이 명확하게 드러나지 못 하게 하는 결과를 초래하기도 하였다.

게슈탈트 접근법과 기독교

게슈탈트 접근법은 영적인 삶을 살아가는 데에 대단히 도움을 준다. 게슈 탈트 이론은 인간의 영혼에 대한 새로운 관점을 제공하고 영적 성장에 기 여할 수 있기 때문이다.

게슈탈트 치료의 취지에 맞게, 우리는 넋과 영혼이라는 말을 동의어로 간주할 것이다. 성서의 권위자들이 모두 이 문제에 대해 만장일치로 찬성 하는 것은 아니지만, 넋과 영혼이라는 말들이 성서 속에서 쓰이는 방식이 일관적이지 못하다는 점에는 동의하는 듯하다. 예를 들면 넋(soul), 영혼 (spirit), 마음(heart)은 구약성서의 어떤 곳에서는 같은 의미로, 또 어떤 곳 에서는 다른 의미로 쓰이고 있다. 그러나 학자들은 이 단어들의 근본적인 의미가 동일하다는 점을 지적한다. 근본적인 의미란 곧 인간의 본성에는 육신과 영혼이라는 결코 분리될 수 없는 두 가지 요소가 존재한다는 것이

---

7) Claudio Naranjo, "Gestalt Therapy as Transpersonal Approach," *The Gestalt Journal* (Fall, 1978), pp. 76-77.

다. 신약 성서에 쓰인 이 단어들의 의미에도 일관성이 없는 것을 볼 수 있다. 예를 들어 사도 바울은 이 단어들을 때로는 히브리적 의미에서 사용하기도 하고 때로는 다른 의미에서 사용하기도 했다. 예수는 영혼을 생명의 비육신적 측면이라고 가르치며, 인간이 육신과 영혼으로 이루어졌다는 총체적 관점을 견지했다.[8]

그 결과, 성서 속에서 용어상 약간의 불일치가 발생할 수는 있을지라도, 인간의 본성에 대해 (1) 영혼과 육신으로 구성되어 있으며, (2) 이 두 가지 요소는 분리될 수 없다고 보는 데에는 기본적으로 합의가 이루어진 듯하다. Fritz도 성서와 마찬가지로 마음과 육체가 분리될 수 없다는 것을 인식하고 인간의 일원적 본성을 매우 강조하였음을 알 수 있다.

성서에 나타난 인간관은 총체적 관점에 기반하고 있다. 인간은 생령(살아있는 영혼)으로 창조되었으며, 인간이 영혼을 가지고 있는 것이 아니라 인간이 곧 영혼이라는 관점이다. 이러한 관점은 고대 이스라엘 사람들의 삶과 문화의 기본을 이루는 것이었다.

James Lynwood Walker는 영혼을 '인성의 핵심'이라고 정의하였다. 그리고 게슈탈트 접근법이 우리가 인성의 핵심(감정, 기분, 영혼)과의 접촉을 유지할 수 있도록 돕는다고 주장하였다.[9] 게슈탈트 치료를 통해 얻어지는 생명력 넘치는 알아차림이야말로 고대 이스라엘에서 말하는 생령에 대한 알아차림이라고 할 수 있다.

창세기 2장과 3장 중 창조에 관한 이야기는 인간을 바라보는 총체적 관점을 반영하고 있다. 핵심적인 구절은 "하느님께서 땅의 흙으로 사람을 지

---

8) M. Miller and J. Miller (Eds.), *Harper's Bible Dictionary* (New York : Harper and Brothers, 1952), p. 197.
9) James Lynwood Walker, *Body and Soul* (New York : Abingdon Press, 1971).

으시고 그 코에 생명의 호흡을 불어넣으시니, 사람이 생명체가 되었다"라는 창세기 2장 7절이다.

이렇듯 우리는 육신임과 동시에 영혼이다. 이러한 고대 히브리 인의 생각 속에는 어떠한 이분법적 구분에 대한 암시도 존재하지 않았다. 이것은 인간의 하나됨을 말하는 것이다. 신의 형상 역시 육신과 영혼 둘 다에 반영되어 있는 것으로 이해되었다. 생명의 호흡을 갖고 있기 때문에 우리는 살아있는 존재이다. 창조주의 생명의 호흡이 불어넣어졌기 때문에 물질적인 육신은 살아있는 영혼이다. 어떠한 삶도 영혼과 별도로 존재할 수 없다. 충만한 영혼의 정수는 인간의 경험 속에 존재하는 생명력, 힘, 생기이다.

인간의 본성은 땅과 관련되어 있다. 창세기 2장의 주제는 사람과 땅에 관한 것이다. 성서는 환경과 인간이 별개가 아니라, 인간이 곧 환경이라는 생태적 단일성을 심도 있게 다루고 있다. 성서학자들은 성서 속에 나타난 인간과 땅의 밀접한 관계를 지적한다. 오늘날의 대중적인 기독교는 우리가 흙으로 만들어진 존재라는 개념을 잊고 있다고 말해도 과언은 아닐 것이다. 즉 사람(기독교인)과 땅의 관계 대신에 오히려 사람과 천국의 관계가 지나치게 강조되고 있다. 물론 성서에는 인간과 천국의 관계에 대한 개념도 존재하지만, 이것이 부적절하게 사용됨으로써 사람이 땅에서 나서 지상에서 살아가는 존재임을 잊어버리게 하는 경향이 있다("일부 기독교인들은 지나치게 천상을 염두에 둠으로써, 지상에서 적절한 삶을 살지 못한다"는 잘 알려진 속담을 나는 주저 없이 인용할 수 있다).

지상의 존재를 거부하면 분열이라는 대가를 치르게 되고, 이러한 분열로 인해 인간은 독자적으로 존재하지 못하는 무능력한 존재가 되며, 삶은 고통스럽고 불완전하게 되고, 자기 안의 영혼과 접촉하기 위한 끊임없는 노력을 경험하게 된다. 생명력과 영혼을 잃는 위기에 처했을 때에만 이 땅과 친밀하게 결속되어 있다는 현실을 깨달을 것이다. 오늘날 우리가 해야 할 일들 중 하나는 육신을 교화하고 지상과 인간이 실제로 맺고 있는 연결고리를 개선하는 것이다. Dietrich Bonhoeffer는 "육신에서 벗어나는 것은 영혼에서 벗어나는 것이기도 하다. 육신은 영혼이 존재하는 형식이며, 영혼은 육신이 존재하는 형식이다"[10]라고 간결하고도 명확하게 말한 바 있다.

게슈탈트 접근법은 우리 자신에 대한 총체적인 알아차림을 기본으로 삼기 때문에 종교에도 커다란 기여를 할 수 있다. 이는 게슈탈트 접근법이 육신을 충만하게 경험하는 완전한 존재로서의 우리가 누구인지를 깨닫도록 도움을 주기 때문이다. 게슈탈트 접근법은 각자의 감정과 정서, 생명력을 드러내고 여기에 책임지도록 도와줌으로써 인간 경험의 실재를 우리에게 가르쳐준다. 또한 생명체로서의 욕구를 해소하도록 우리를 이끌어 주고, 우리가 딛고 살아가고 있는 이 땅을 충분히 경험할 수 있도록 환경과의 고유한 조화를 받아들일 수 있도록 도와준다.

우리 속에 있는 잠재력을 실현해 나가는 일은 신의 창조물로서의 우리의 생명이 더욱 완전한 것이 될 수 있도록 도와준다. 타고난 본성의 힘을 충분히 사용할 때, 신의 창조물인 우리는 신의 다른 창조물들과 더불어 하나가 될 수 있는 것이다. 신학적인 관점에서 보면, 우리가 환경과의 조화로운 삶에서 벗어나 자신의 관념 속에서 살 때 타락하게 되고 죄를 짓게 된다고 할 수 있을 것이다. 게슈탈트 치료자들은 "생각을 버리고 감각을 회복해야 한다"고 주장한다. 즉 인간의 잠재력을 완전하게 드러내기 위해서는 감각을 통해 환경과 인간의 하나됨을 깨달아야 한다는 것이다.

충만한 존재, 완전한 게슈탈트가 될 때에만 비로소 우리는 완전한 인간

---

10) Dietrich Bonhoeffer, *Creation and Fall*, trans. by John C. Fletcher, (New York : Macmillan Co., 1959), p. 47.

이 될 수 있다. 인간은 스스로의 결단과 의지와 행동을 알아차릴 때 생명력 넘치는 삶을 살아갈 수 있다. 고대 이스라엘에는 오늘날의 '의지'에 해당하는 단어가 없었다. 당시에는 지각, 본능, 충동 및 욕구를 경험하는 전체로서 개인을 바라보았다. 생각은 객관적이고 주관적인 양식으로 존재하는 것이라 여겨지지 않았다. 생각은 단지 추상화된 것이 아니라, 즉각적이고 직접적인 행위까지 포함하는 것이었다. 심지어 기억조차도 직접적인 것을 전달하는 현재 행위와 연결된 것이라 여겨졌다.

또한, 삶에 대한 이와 같은 총체적인 접근법은 예수의 생애와 사역으로 통합된다. 이러한 점은 최후의 만찬에도 명확하게 나타나 있다(마태복음 26장 17~29절). 여기서는 단순한 말이나 생각을 뛰어넘어, 몸소 참여하여 떡을 떼고 잔을 비움으로써 예수의 생애에 대해 기념한다.[11] 이런 종류의 충만한 감각 경험은 단순히 '머리로 하는 상상(head trip)'이 아니라 보다 완전한 알아차림을 일깨워준다. 이것은 또한 '머릿속의 컴퓨터를 끄고' 총체적인 경험으로 우리를 이끌어 주는 게슈탈트 접근법과 놀랄 만큼 유사하다.

영혼은 총체적인 경험의 중심에 있다. 신학자인 John B. Cobb 2세는 목회상담이 인간의 영혼을 중점적으로 다루어야 한다고 설파했다. 그는 영혼이 곧 자아이자 인간정신의 핵심이며, "사람은 자신의 이성을 '이용하거나' 정서를 '통제할 수 있다'. 인간이란 각자의 자아 혹은 영혼이다"라고 말했다.[12]

자아의 속성에 대해 정의를 내릴 때에는 주의를 기울일 필요가 있다. 현대 심리학계 및 상담학계에서는 자아가 정서, 육체, 지성 등의 총합이라고 보는 경향이 있다. Cobb에 따르면, 기독교적 관점에서 이야기하는 자아는

---

11) For an interesting presentation that gives a Gestalt perspective on sacraments see : Miles Renear, "Gestalt Therapy and the Sacramental Experience," *The Journal of Pastoral Care* XXX : 1 (March, 1976), pp. 3-15.

12) John B. Cobb Jr., *Theology and Pastoral Care* (Philadelphia : Fortress, 1977), p. 12.

앞서 언급한 개개의 요소들은 물론 이 요소들의 총합한 것마저 뛰어넘는 것이다. 자아는 곧 영혼이다. 이는 게슈탈트 접근법의 관점과 이해를 같이 하며, 이 책의 '양파 껍질 벗기기'라는 장에서도 곧 살펴보게 될 것이다.

따라서 영적인 성장이란 영혼의 본질인 전체성에 대한 추구를 의미한다. 이러한 관점은 목회자들에게 유익한 정보를 제공해 준다. 이것은 지금의 심리학계 및 상담학계의 지식을 버리라는 의미가 아니다. 그러한 지식은 영혼의 전체성을 추구하기 위해 활용할 수 있는 하나의 자원으로서 포용될 수 있을 것이다.

영적 성장에 대해 이렇게 이해하는 것은, 개인적인 자아 또는 일반적으로 자아라고 불리는 것을 반드시 뛰어넘어야 영적 성장을 이룰 수 있다는 것을 함축한다. 오늘날 영적인 것과 같은 의미를 지니는 용어인, 초개인적 또는 초의식적인 것을 향해 나아가며 개인적 자아를 뛰어넘을 때에만 전체성을 향한 성장이 가능하다. 이것은 기독교적 관점에서 신과의 합일로 이 끄는 통로가 된다.

현대 심리학계 및 상담학계는 지금까지 너무 오랫동안 정체성의 중심으로서의 자아에 대해서만 초점을 맞춰 왔는데, 최근에는 초개인적인 영역에도 많은 관심을 기울이고 있다. 주목할 만한 예로서, Roberto Assagioli의 심리통합(Psycho synthesis), Robert Girard의 통합심리학(Integral Psychology), 초개인적 게슈탈트(Transpersonal Gestalt)로 지칭되는 최근의 움직임들이 있다.[13]

주로 성격 변화와 정신건강에만 초점을 맞춰온 현대 심리학계 및 상담학계의 한계를 인식하고 있는 목회자들의 관점에서 볼 때, 이와 같은 새로운 관심은 분명 박수를 받을 만한 것이다. 비록 그러한 목표가 중요한 것이기

---

13) Naranjo, "Gestalt Therapy," pp. 75-81.

는 하지만 우리 목회자들은 그처럼 제한된 목표만을 가진 사람들과 같이 작업하는 것에 만족할 수 없다. 이는 목회자가 항상 영적 성장에 대한 욕구에 관심을 가지고 있기 때문이다.

자아의 초월이라는 개념은 기본적으로 동양에서 유래한 것이다. 불교와 요가에 이러한 관점이 담겨 있다. 예를 들어 Usharbudh Arya는 요가는 무정념을 지향하며 이 상태에서는 자아가 더 이상 정념에 의해 통제받지 않고 어떤 형태의 자아개념이나 제약에도 제한받지 않는다고 지적했다.[14]

기독교에서도 같은 것을 발견할 수 있다. 가령, 신비주의를 표방하는 무명의 저자가 쓴 무지의 구름이라는 글에는 "우리는 사람들이 슬퍼하는 이유를 무수히 열거할 수 있다. 하지만 자신이 경험하고 있는 슬픔에 대해 깊이 있고 총체적인 이해를 할 수 있는 것은 오직 자기 자신뿐이다"라는 문구가 적혀 있다.[15] 이 문구는 영적 삶의 압도적인 우월성을 나타내고 있다. 일단 영적 삶이 그 모습을 드러내기만 하면, 오랫동안 가져온 자아개념은 커다란 의미를 가지지 않는 것처럼 보일 수 있다.

영적 성장에 이르는 길은 쉽지 않다. 왜냐하면 노력과 훈련을 요하기 때문이다. 우리는 쉽게 자아개념을 포기하지도, 정념을 넘어설 수도 없다. 그러나 자신의 마음을 이해하지 못하는 것은 책임을 회피하는 것으로 이어질 수 있음을 주의해야 한다. Cobb이 주장한 바와 같이, 기독교적 관점에서 볼 때 이것은 명백한 잘못이다. 동일시에서 벗어나는 것의 목적은 사람들이 보다 적극적으로 책임을 지도록 하기 위한 것이다.

바로 여기에 적절하고 효과적인 목회상담의 열쇠가 있다. 이것은 영적인

---

14) Usharbudh Arya, *Superconscious Meditation* (Prospect Heights, IL : Himalayan International Institute of Yoga Science and Philosophy, 1974).

15) William Johnson (Ed.), *The Cloud of Unknowing* (New York : Image Books, 1973), p. 103.

삶에 대한 깨달음의 출발점이 된다. 사람들이 이러한 삶을 영위하도록 돕는 것이야말로 목회상담자의 기본 임무이다.

목회상담의 한 사례

영혼을 이해하는 방식이 목회상담에 영향을 줄 수 있음을 보여주기 위해 Cobb이 제시한 예를 살펴보기로 하자.16)

Chester(55세, 자녀 3명)와 그의 아내가 마을로 이사하면서 생긴 일이다. Chester는 교회에 다녔지만 그의 아내는 그렇지 않았다. Jones 목사는 이들 부부의 집을 방문했고 Chester의 부인은 자신이 교회에 다니는 사람이 아니라고 얘기했다.

Jones는 Chester가 병원에 있다는 말을 듣고 병문안을 갔다. Chester는 큰 보험회사에서 회계원으로 일하고 있었다. Jones를 본 Chester가 그렇지 않아도 한번 만나러 갈 생각이었다고 말하자 Jones는 조금 놀랐다. Chester는 망설임 없이 그간 업무에 대해 느껴온 걱정과 직장상사와의 불화에 대해 얘기하기 시작했다. Chester는 수년간 많은 일들을 해왔으며 얼마나 지금의 직장을 원했는지 얘기했다. 또 그는 같은 직장의 젊은 여성들에게 마음을 빼앗겼다는 것도 고백했다.

Jones가 Chester를 만나기 위해 다음날 다시 방문했을 때, Chester는 자신의 처지에 대해 더 많은 얘기를 들려주었다. 그의 최대의 관심사는 사무실의 젊은 여성들에 관한 것이었다. 그는 여성들과 연애하는 환상을 떠올리곤 한다고 했지만, 자기 부인은 물론이고 같은 연령대의 다른 여성들조차 자신을 거절한다는 점을 인정했다. 그는 거절을 두려워하면서도 젊은

---

16) Cobb, *Theology*, pp. 5-9.

여성들과 관계를 맺고 싶어하는 이중적인 태도를 가지고 있었다. Chester
는 어린 시절에 자신이 몹시 불우했다고 얘기했다. 어머니는 매를 들기 일
쑤였고, 아버지는 한 번도 자상하게 자신을 대한 적이 없다고 했다. 학교에
다닐 때에는 친구도 별로 없었고 아내와의 관계도 몹시 불만스러웠기 때문
에 항상 '이혼할 위기'에 놓여 있었다고 했다. Chester 자신은 성적으로도
무능해서 부부생활도 만족과는 거리가 멀었다고 털어놓았다.

　Jones는 Chester의 여러 가지 심리적 문제들을 분명히 알아차릴 수 있었
다. 그러나 그런 문제들에 대해 그가 할 수 있는 것은 무엇이었을까? Jones
는 결국 자기가 할 수 있는 최선의 일은 좋은 상담자를 소개해 주는 것이
라고 생각했다. Jones는 결국 Chester가 치료 집단에 들어갈 수 있도록 도
와주었다.

　Cobb은 Jones가 Chester를 위해 한 일에 대해 칭찬했다. Jones는 목회자
로서 병원을 방문했고, 열린 자세와 관심 어린 태도로 Chester의 이야기를
들어 주었다. 그리고 직장 상사에게는 덜 두려움을 느끼고 여성들과 보다
자유분방한 관계를 갖고 싶은 욕구를 표현한 Chester에게 치료 집단을 소
개시켜줌으로써 이러한 욕구들을 다룰 수 있는 기회를 제공해 주었다.
Cobb은 이러한 조치가 기독교적 관점에서는 아주 적절한 것이기는 하지만
Jones가 단순히 이야기를 들어주는 것 이상의 조치를 취하지 못한 것이 아
쉽다고 평했다.

　그렇다면 Jones가 무엇을 더 했더라면 좋았을까? Cobb은 Chester가 영
적인 삶을 살아갈 수 있도록 돕기 위해 목회자가 당시의 상황을 활용했어
야 한다고 제안한다. 이 특수한 상황에서 Cobb은 단지 Chester가 표현한
욕구—직장상사와 잘 지내고 여성들과 친밀한 관계를 맺고 싶은 욕구—를
진지하게 받아들이는 것뿐만 아니라 Chester가 가지고 있는 다른 욕구들의

존재를 밝혀 내어, 그것들을 더 충분히 의식하고 강화할 수 있도록 고무하고 지지할 수도 있었을 것이다.

그렇다면 Chester에게 그러한 욕구가 있었다고 생각할 이유가 있는가? 한 가지 증거로서, 부인이 교회에 다니지 않음에도 Chester는 교회에 다니고 있었다는 점을 꼽을 수 있다. 확실히 이것은 그에게 어떠한 욕구가 있었다는 것을 암시하고 있다. 그렇다면 그 욕구가 무엇인지, 왜 그런 욕구가 생겨났는지, 그리고 그가 여러 가지 문제와 싸우고 있던 당시에 그 욕구가 가지는 의미는 무엇이었는지를 물어볼 수도 있을 것이다. 그러나 목회자가 Chester의 심리적인 문제를 도울 수 있는 전문지식을 가지고 있지 못했다고 생각해 보자. 과연 목회자가 이러한 사실을 핑계 삼아 최소한의 개입을 하는 것으로 만족해도 되는 것인가? Cobb은 그렇지 않다고 말한다. Chester는 자신과 자기 부인을 보다 넓은 시각으로 바라볼 필요가 있었다. 또 자기몰입의 위험에 대해서도 주의를 줄 필요가 있었다. Cobb도 언급했지만, Chester의 '문제'를 다루는 데에 있어서, 교회의 봉사활동을 통해 다른 사람들을 돕는 매우 실질적인 외부활동들이 집단치료보다 도움이 되지 않는다는 것인가? 다른 사람들에게 봉사하는 것은 '문제'에 더 이상 구속되지 않고 자기초월을 추구할 수 있도록 해준다.

이쯤에서 Cobb이 제기한 의문들을 다루어 보도록 하자. 이 책의 8장에서는 목회자가 사람들의 영적 성장을 돕는 활동에 게슈탈트 접근법이 어떻게 기여할 수 있는지에 대한 예시를 보여줄 것이다. 그러나 그전에 게슈탈트 접근법을 완전히 이해하는 것이 필요하다. 즉 게슈탈트를 통해 본 삶의 경험이 어떠한 것인지, 게슈탈트 접근법을 지탱하는 이론적 바탕이 무엇인지 등의 질문에 대한 답변이 이루어졌을 때에야 비로소 게슈탈트 목회상담에 필요한 명확한 전경/배경(figure/ground)을 형성할 준비가 된 것이다.

제2장 |

🌴 인간적인 인간이 된다는 것

1장에서는 목회상담의 목표가 사람들이 영적인 삶을 살아가도록 돕는 것이며, 영적인 삶은 인간적인 인간이 되도록 도움을 받을 때에만 가능하다는 것에 관해 이야기했다. 본 장에서는 인간적인 인간이 된다는 것에 관해 다룰 것이다.

게슈탈트 접근법은 있는 그대로의 인생을 자유롭고 충만하게 경험하며 있는 그대로 조화롭게 사는 것을 중시한다. 수년 전 유행한 노래 중에 전도서 3장 1~8절의 내용인 "범사에 기한이 있고 천하 만사가 다 때가 있나니"로 시작되는 노래가 있다. 이것은 게슈탈트 접근법의 주제를 노래한 것이라 해도 과언이 아니다. 이 노래의 이면에 담긴 주제는 알아차림과 표현이며, 코러스는 뒤에서 접촉과 후퇴, 자유와 책임의 중요성—게슈탈트들이 하나씩 완결을 향해 나아가고, 영적인 삶에 대한 이해가 확장되어 간다는 내용—을 반복하여 노래하고 있다.

인간적인 인간이 된다는 것은 우리가 자신의 경험을 진지하게 여긴다는 것을 의미한다. 게슈탈트 접근법에서는 인간적인 인간이 되고자 한다면 자신의 경험을 가장 우선시해야 한다고 이야기한다. 오늘날 우리는 '경험' 그 자체보다는 '경험을 이해하는 것'을 더 중시하고 있다. 이러한 경향이 출현한 것에는 정신분석학의 영향이 크다. 경험을 해석하는 것이 실제 경험 그 자체보다 훨씬 더 중요한 것처럼 여겨지고 있는 것이다. 이러한 경향은 삶의 가치를 절하하고 '머리로 삶을 살아감'으로써 총체적인 경험을 차단하였다. 그 결과, 우리는 인간적인 인간이 되는 것에서 멀어지게 되었다. 이 같은 현상은 종교계에서도 일어나고 있다. 종교적 경험의 지적인 의미를 탐구하는 활동―예를 들면 조직 신학―이 종교적 경험 그 자체보다 더 중요하게 여겨지고 있으며, 이것의 결과는 인간성의 평가절하이다.

　예수의 생애를 살펴보는 것도 도움이 될 것이다. 그의 생애를 다룬 복음에서 분명히 드러나는 것은 그가 삶의 의미에 대해 설교를 하거나 신학적인 해석을 한 적이 없다는 점이다. 오히려 예수는 있는 그대로의 삶을 살고 사람들과의 관계를 즐겼다. 오죽하면 당시의 고루한 종교가들이 예수를 '포도주를 즐기는 죄인(마태복음 11장 19절)'이라고 부를 정도였던 것이다. 사람들이 예수의 삶의 의미에 대해 이야기하기 시작한 것은 예수의 사후로도 상당한 시간이 지난 뒤였고, 결국 그로 인해 예수의 실제 삶보다도 더 중요하게 되어버린 신학의 커다란 체계가 만들어지게 되었다. 이에 반해 초기의 기독교에서는 종교를 '삶의 방식'으로 이해했을 뿐이다.

　인간의 경험 그 자체를 보려고 하기보다는 경험의 추상적 의미를 추구하는 경향을 해석주의(aboutism)라고 한다. 우리는 "제 문제에 관해 이야기해 드리겠습니다"라는 말을 자주 듣게 된다. 이 말은 문제 그 자체에 초점을 맞추지 않고, 지적인 사고와 언어를 사용해 문제의 본질을 회피하겠다는 말과 같다. 게슈탈트 접근법의 관점에 따르면, 가장 중요한 것은 실제 경험 그 자체이며, '경험에 관해 이야기 하는 것'은 별반 도움이 되지 않는다. 주위를 둘러보면 탁상공론을 하듯이 머리로만 문제를 해결하려 하고 정작 행동은 전혀 바꾸려 하지 않는 사람들을 흔히 볼 수 있다.

해석주의를 거부하는 입장 때문에 게슈탈트 접근법이 이성적이고 지적인 것과는 거리가 멀다고 여겨지기 쉽지만, 이것은 잘못된 생각이다. 이것은 지난 2, 30년간 출판된 방대한 양의 게슈탈트 접근법 관련 논문과 서적들을 통해 분명히 확인할 수 있다.[1] 다음 장에서도 언급하겠지만, 게슈탈트 접근법은 지적인 활동을 부정하는 것이 아니라 지적인 활동과 실제의 경험을 혼동하지 말 것을 지적하고 있는 것이다. 만일 게슈탈트 이론이 실제의 경험보다 더 중요하게 여겨지는 시기가 온다면, 이는 게슈탈트 접근법이 게슈탈트 접근법이기를 포기하는 때일 것이다. 게슈탈트 치료자가 다른 사람에게 도움을 주고자 할 때, 그의 관심의 초점은 지금 여기에서 일어나는 실제의 경험에 맞춰진다. 그렇기 때문에 정신병 환자에게는 게슈탈트 치료를 쓰지 않는 것이 일반적이며, 게슈탈트 치료자들도 내담자의 병명에 관해 언급하는 일이 거의 없다. Polster를 비롯한 많은 게슈탈트 치료자들이 게슈탈트 접근법의 이론과 실천에 관한 연구를 수행하였지만, 이연구들은 인간의 경험을 바라보는 관점을 제시하기 위한 것이었지 정신병의 진단체계를 만들기 위한 것은 아니었다.[2] 진단명을 붙이는 것이 내담자를 이해하는 데에 도움이 된다거나 내담자에게 이로운 경우가 아니라면 일부러 진단명을 붙일 필요가 없다는 것이다. 내담자에게 진단명을 붙인다면, 그 순간부터 한 인간으로서의 내담자는 사라지고 진단명만이 남는 경

---

1) Chris Hatcher and Philip Himelstein(Eds.), *The Handbook of Gestalt Therapy* (New York : Jason Aronson, 1976).

2) Erving Polster, Miriam Polster, *Gestalt Therapy Integrated* (New York : Brunner/ Mazel, 1973).

우가 발생하기 쉽다. 또한 진단명을 붙이는 행위는 내담자의 경험에 상담자가 자의적인 의미를 부여하는 결과가 되고 만다. 그렇기 때문에 게슈탈트 치료자들은 내담자에게 진단명을 붙이기를 꺼린다.

게슈탈트 접근법의 입장에서 볼 때, 내담자의 행동을 해석해야 할 사람은 상담자가 아니라 내담자 자신이다. 어떤 행동이 상담자에게 의미하는 것 혹은 다른 사람들에게 의미하는 것이 그것을 경험하는 당사자에게 의미하는 것보다 우선할 수는 없다.

자신의 행동과 경험을 이해하기 위해서는 자신의 경험에 관해 머리로만 생각하려고 해서는 안 된다. 과거에 경험한 어떤 사건이 자신에게 무엇을 의미하는가를 이해하기 위해서는 그 사건에 관해 머리로 생각하는 것 이상의 것이 필요하다. 즉 그 사건을 지금 여기에서 충만하게 경험해야 하는 것이다. 충만한 경험을 할 때 인간에게는 '앎(knowing)'이 생겨난다. 앎은 이성적 사고 과정과 감각적 경험의 양자를 모두 포함하는 개념이다. 완전한 앎이 일어날 때 비로소 경험의 의미가 명확해지는 것이다. 머리로만 생각하려고 한다면 경험의 의미를 단순화하고 축소시키는 우를 범하게 된다. 이것은 인간을 하나된 육신이자 영혼이자 기능이라고 이해하는 성서의 관점과도 일치한다.

우리는 경험을 어떻게 차단하는가

게슈탈트 접근법에서는 무의식을 설명하는 데에 그다지 관심을 보이지 않지만, 무의식에 대해서는 대단히 실용적인 견해를 취하고 있다. Fritz는 무의식을 알 수 없는 것이라 규정하고, 심리치료가가 다룰 수 있는 것은 오직 인간의 행동뿐이라고 주장했다. 이것을 Fritz가 심리학에 무지하였기 때문이라고 생각해서는 안 된다. Fritz는 정신분석학자로서 최고의 명성을 얻었으며, 무의식에 관련된 다양한 이론과 관점들에 정통해 있었다는 점을 기억해야 한다. Fritz가 새로운 관점을 개발했다는 것은 정신과 의사이자 정신분석가로서의 그의 경험과 배경에 상반되는 것이었다. Fritz에 의하면, 무의식적인 것은 의식상에 존재하지 않는 것이며, 현재로서는 생명력을 갖지 못한다. 무의식적인 것은 현재의 경험이라는 전경의 뒤에 존재하는 배경에 불과하다. 우리가 관심을 가지고 있는 것은 배경이 아니라 전경, 즉 지금 이 순간 떠오르는 게슈탈트인 것이다.

　Fritz는 인간이 스스로의 완전한 경험을 방해하는 네 가지 방식을 알아내고, 그것을 (1) 투사(projection), (2) 내사(introjection), (3) 반전(retroflection), (4) 융합(confluence)이라고 이름 지었다. 이들 중 투사와 내사는 정신분석학에서 그대로 차용된 것이다.

투사

인간이 바깥 세상을 지각하는 방식에는 여러 가지 모순이 있다는 점에 주목해 보자. 사람은 같은 환경 속에 놓여져도 각자 보는 것이 다르다. 각자 자신의 세계를 만들고 있는 셈이다. 가령, 색깔이 실제로는 무엇인지 누구도 알지 못한다. 인간의 감각수용기, 즉 눈이 색깔에 대해 유사하게 반응하기 때문에 타인과 색깔에 관한 의사소통이 가능하기는 하지만, '바깥 세상에' 정말로 무엇이 있는지를 직접적으로 알아낼 방법은 없다. 그렇기 때문에 인간은 각자가 생각하는 의미를 바깥 세상에 **투사**한다. 투사는 인간이 살아가는 데 있어서 매우 유용하며 반드시 필요한 것이기도 하다. 그러나 '바깥 세상에' 실제로 있는 것과 자신이 투사한 것을 혼동한다면 세상을 명확히 이해하지 못하게 될 것이다.

이것은 자기이해에도 중요한 의미를 갖는다. 삶이 자연스럽게 흘러가게 하려면 사물을 있는 그대로 보도록 노력해야지, 보고자 하는 것만 보아서는 안 된다. 자기 자신을 볼 때에도 역시 있는 그대로 보아야 한다. 그러나 실제로 이를 실천하는 것은 말처럼 쉽지 않다. 자신의 내면을 보고자 한다면 자신에 대한 솔직함이 필요한데, 이는 고통스러울 만큼 힘들 수도 있다. 성서에 나오는 아담과 이브의 이야기(창세기 3장 1~13절)에는 투사의 고전적인 한 예가 나온다. 아담은 "하느님이 주셔서 나와 함께하게 하신 여자가 그 나무 실과를 내게 주므로…"라고 자신의 잘못을 이브에게 투사하고, 이브는 "뱀이 나를 꾐으로"라고 하면서 뱀에게 잘못을 전가한다.

투사를 한다는 것은 책임지기를 거부하는 것이며, 이는 곧 본래의 우리 자신으로부터 우리 자신, 알아차림, 생명을 차단하는 것이고, 성서적인 의미에서 볼 때에는 타락하는 것이다. 투사는 항상 미묘하게 진행된다. 그렇기 때문에 우리 자신의 행동이 투사와 관련되어 있을 때에 이를 알아차리기가 매우 힘들다. 투사는 뱀처럼 우리 주변을 어슬렁거리고 있고 눈에도 잘 보이지 않는 경우가 많지만, 그것이 우리의 삶에 미치는 영향력은 대단히 강하다.

Fritz는 투사의 한 예로서 성적으로 억압된 한 여성의 사례를 들었다.[3] 그녀는 남자들이 자신에게 자꾸 접근을 해오며 귀찮게 한다고 불평을 하고 있었다. 건전한 방식으로 이성을 향한 욕구를 표현할 수 없었기 때문에 다른 사람들에게 투사된 자신의 욕구를 보고 있었던 것이다. 이러한 경향은 남성과의 건전한 접촉으로부터 그녀를 차단시켰으며 그녀의 삶을 비참하게 만들고 말았다. 투사는 먹을 수 없는 과일을 내미는 간교한 뱀과도 같다.

---

3) Frederick Perls, Ralph Hefferline, and Paul Goodman, *Gestalt Therapy : Excitement and Growth in the Human Personality* (New York : Dell, 1951).

내사

게슈탈트 접근법은 현재를 강조할 뿐, 과거로 인해 현재가 있다는 사실을 부정하는 것이 절대 아니다. 과거가 어떠했는가보다는 과거에 받아들인 것들이 현재의 삶에 어떠한 영향을 미치고 있는지가 보다 중요한 문제라는 것이다. 우리가 받아들인 것들 중에는 활기 넘치는 삶을 위한 비옥한 토양의 역할을 하는 것들―예를 들면 몸에 좋은 건강식품이나 활력을 불어넣는 대인관계―도 있다. 하지만 때로는 우리의 몸과 마음에 영양과 활력을 주는 것과는 거리가 먼 것들을 잔뜩 받아들이기도 한다. 우리 안에 받아들인 건강하지 않은 것들을 바탕으로 인생을 살아가려 하는 것은 자기파괴적이라고 밖에 할 수 없다. 내 안에 받아들이기는 했지만 나의 삶과 어긋나기 때문에 나와 동화될 수 없었던 것을 내사라고 부른다. 게슈탈트 접근법에서는 내사를 가리켜 비닐봉지 속에 든 샌드위치라고 부른다. 흡수되어 양분이 되지도 못하고 비닐에 둘러싸인 채 위 속에 덩어리로 남겨지게 되는 것이다.

어떻게 보면 내사는 투사의 정반대라고 할 수 있다. 스스로의 경험에 적절한 의미를 부여하지 못한 채 외부로부터 들어온 잘못된 견해를 받아들이고 마치 그것이 진실인 양하는 것이다.

목회자라면 누구나 다음과 같은 과정을 겪은 적이 있을 것이다. 주일 아침에 사람들은 교회를 나서면서 "당신은 내가 본 최고의 설교자입니다!" 혹은 "아무도 당신처럼 복음서를 설교한 적은 없었습니다"라고 칭찬하곤 한다. 이런 칭찬을 자꾸 듣다 보면, 목회자는 점점 이것이 진실이라 믿게 되고 합리적인 판단을 하지 못하게 될지도 모른다. 그렇게 되면 목회자는 이러한 칭찬의 말들을 절대적인 진실이라 믿고, 그에 맞게 생각하고 행동하게 될 것이다. 그리고 칭찬의 말들이 진실임을 보이기 위해 온갖 이유와 변명을 만들어 낼 것이다. 이렇게 해서 진실과 어긋나는 그릇된 자아개념이 생겨나는 것이다. 어떤 목회도 목회자의 그릇된 자아개념에 근거해서는 오래 지속될 수 없다.

내사는 여러 면에서 투사보다 더 교묘하고 은밀하다. 예를 들면 우리는 믿을 만한 출처-예를 들면 부모, 학교, 심지어 교회-로부터 받아들인 것들을 우리의 가치관으로 삼는다. 실제로 우리에게 들어맞는 것과 그렇지 않은 것을 구별하는 것이 얼마나 어려운 일인지 모른다. 어떤 때에는 자신에게 도움을 주던 가치관이 다른 때에는 자신에게 해를 끼치는 경우도 있다. 이미 내 것으로 받아들인 것을 버리는 일에는 많은 노력과 용기가 필요하다. 심지어 내가 무엇을 받아들였는가를 확인하는 일조차 쉽지 않은 경우가 많다. 때로는 동일시(identification)와 내사를 구분하기가 어려운 경우도 있다. 동일시는 우리의 삶에 방향을 제시해주는 모델로서의 역할을 한다. 반면에 내사는 우리 자신의 것으로 '고스란히' 받아들인 타인의 특성을 의미한다.

예수가 행한 사역의 상당 부분은 내사-자기 것으로 받아들였지만 실제로는 자신의 삶의 경험에 맞지 않는 것-를 깨닫고 제거하는 것을 도와주는 것이었다고 생각한다. 예수는 "너희는 옛 사람이 …라고 말한 것을 들었다. 그러나 내가 너희에게 이르노니 … (마태복음 5장 21~22절)"라고 여러 차례 언급하였다. 우리의 삶이 충만함 속에 영위되고 진실이 축소되지 않게 하려면, 자신과 세상에 대한 생각들을 비판적으로 바라볼 수 있도록 항상 열린 자세를 취해야 한다.

반전

반전이란 에너지가 내부로 향하도록 하는 것을 뜻한다. 이는 프로이트가 전도(reversal)라고 부른 것을 기술하기 위해 Fritz가 사용한 용어이다. 그 밖에 억압(repression), 반동 형성(reaction formation), 취소(undoing), 전이 (transference) 등의 방어기제를 설명할 때에도 반전이라는 용어가 사용되었다. Fritz가 이렇게 반전의 의미를 포괄적으로 정의한 것은 모든 종류의 방어기제가 깊은 차원에서는 반전과 모종의 공통점을 가지고 있기 때문이다. Fritz는 복잡한 것을 단순화하고 문제의 핵심을 드러내는 일의 귀재였다.

반전은 마치 바깥 세계와 제대로 상호작용을 하지 못하는 사람이 바깥 세계로 작용시켜야 할 물리적 또는 심리적 에너지를 자기 자신에게로 향하게 하는 것과 같다. 예를 들어 신체화 증상은 반전의 결과로서 생겨난 것일 수도 있다. Van De Riet과 그의 동료들은 상처라도 난 것처럼 왼쪽 가슴에 통증을 호소하는 내담자의 예를 제시했다.[4] 내담자에게 가족 중 누구에게 상처를 주고 싶은지를 물었을 때, 내담자는 그 대상을 지목하면서도 자신의 분노를 표현하기가 두렵다고 대답했다. 결과적으로 타인을 향해 분출되어야 할 에너지가 내담자의 내부로 분출된 것이다. 당연한 이야기이지만, 반전이 오랫동안 지속되면 병으로 이어질 수 있다. 예를 들면 방금 언급한 내담자가 분노를 제대로 처리하지 못한다면 가슴의 통증을 치료하기 위해 내과진료를 받았을지도 모른다.

반전의 철회-에너지의 방향을 바꾸는 것-는 생명을 불어넣는 과정이다. 그러나 반전을 철회하는 데에는 많은 위험이 따른다. 예를 들어 분노를 마구 표출하다 보면 적절하지 못한 행동으로 이어지기 쉽다. 그러므로 게슈탈트 접근법에서는 우선 에너지의 분출을 통제할 수 있는 안전한 환경을 조성한 후에 반전을 다룬다. 반전의 철회를 유도할 때에는 저항이 따르

---

4) Vernon Van de Riet, Margaret P. Korb, John Jeffrey Gorell, *Gestalt Therapy : An Introduction* (New York : Pergamon Press, 1980).

게 마련이므로 어느 정도 통제를 가할 필요가 있는 것이다. 그러나 에너지를 적절히 표출하는 것은 보다 자연스럽고 덜 자기파괴적인 방식으로 삶의 에너지가 흐를 수 있도록 돕는다. 그제야 비로소 에너지는 파괴적이 아니라 건설적으로 활용되는 것이다.

융합

융합은 알아차림이 없는 것 또는 정체성이 없는 것을 뜻한다. 게슈탈트 접근법의 관점에서 볼 때, 환경과의 건강한 접촉은 알아차림과 흥분을 발생시킨다. 이러한 건강한 접촉이 차단되면 지금 무슨 일이 일어나는지를 알아차리지 못하게 된다. 모든 것이 애매해지고 전경이 명확하게 부각되지 않는다. 이런 상태에서는 자신과 타인과의 경계가 어디에 있는지, 지금 자신이 무엇을 원하는지, 무엇을 필요로 하는지를 판단할 수 없다. 삶에서 흥분이 사라지고, 자신의 영혼과의 접촉도 사라지게 된다. 그래서 '나'라는 존재가 있는지 없는지조차 느낄 수 없게 될지도 모른다. 융합의 가장 좋은 예로, 석 달에서 여섯 달 정도 된 갓난아기가 어머니와 자신이 별개의 존재임을 구별하지 못하는 것을 들 수 있다. 갓난아기에게는 자신과 어머니가 자신과 하나의 개체로 인식되는 것이다. 마치 자신과 타인의 분리가 일어나는 첫 단계에서는 세상에 전경만 존재하는 것처럼 전경이 극단적으로 부각되고 배경은 존재하지 않는 것과 다름없는 것으로 경험된다. 무엇이든 '존재하거나 존재하지 않거나'의 극단적인 구분인 것이다. 융합이 사라지면서 이러한 극단적인 구분이 사라지고, 상대성에 근거하여 상황과 경험을 인식하게 된다. 정상적으로 유아의 발달이 진행된다면, 융합이 점차 해체되면서 '나'와 '내가 아닌 것'에 대한 감각을 갖게 된다. 성인이 되면 명확하게 자신과 타인을 구별할 수 있다.

영적인 삶에서도 융합이 일어날 여지가 있다. 우리는 세상에 일어나고 있는 수많은 모순들을 이해하지 못한다. 그러한 모순 가운데 하나는 자신의 영혼과 접촉하기 위해서는 신, 우주와의 융합(하나됨)이 필요하다는 것이다. 그러나 접촉되고 받아들여진 것을 이용하는 것에는 규정과 구별이 따른다. 진실로 영혼이 생명력으로 충만한 삶은 개체성을 배제하는 것이 아니라 오히려 예수가 그러했듯이 개체성을 주장하는 것을 통해 가능해진다. 자신의 개체성을 부정해야만 타인의 욕구를 자신의 것보다 우선시할 수 있다고 생각하는 사람들이 있다. 게슈탈트 접근법의 관점에서 볼 때 이러한 자세는 건강하지 못한 융합을 유발하기 쉽다. 예수가 우리에게 "네 이웃을, 네 몸 대신에가 아니라, 네 몸과 같이 사랑하라"(마태복음 22장 39절)고 말씀하신 것을 잘 기억해야 한다. 자신의 개체성과 개인적 욕구를 부정하게 되면, 타인은 물론 자기 자신에게도 해를 끼치게 된다. 그러한 융합은 사람들에게서 생명력을 고갈시킨다. 자신이 이웃을 어떻게 대하고 있는지를 살펴봄으로써 자신에 대해 많은 것을 알 수 있다는 것은 흥미로운 일이다. 이웃을 친절하게 또는 불친절하게 대하는 태도에는 기본적으로 사람이 스스로를 대하는 방식이 반영되어 있다.

융합이 삶에 끼치는 폐해의 한 가지 예를 결혼에서 찾아볼 수 있다. 전통적인 결혼생활에서 아내는 대부분 자신의 개체성을 억제하고, 대신에 자신의 삶을 남편과 아이들의 삶 속에 융합시킨다. 한번은 교회 부속 상담소에서 심각한 결혼생활 문제를 상담해준 적이 있었다. 그 상담을 통해 융합이 얼마나 파괴적인 영향을 미치는지 잘 알게 되었다. 상담을 받기 위해 찾아온 아내들 중 상당수는 자신과 가족 모두를 파괴하고 있는 융합관계에서 벗어나기 위해 힘겨운 싸움을 하고 있었다. 여러 해 동안 아내는 남편이 원하는 일은 무엇이든 따르고 항상 '아이들을 가장 먼저 생각하면서' 살아왔다. 그녀는 자신을 한 사람의 독립된 인간이라고 여겨본 일이 없었다. 심지어 그렇게 하는 것은 죄를 짓는 것이라고 생각하기도 했다. 그렇다면 모범적인 여성의 삶을 살고 있었음에도 왜 그녀는 그렇게 불행했을까? 어째서 무엇인가가 가족을 파괴하고 있는 것처럼 보였을까? 자신의 욕구를 알아차렸을 때, 설사 그것이 지극히 사소한 것이었다 할지라도, 그녀는 죄의식을 느끼지 않을 수 없었다. 이러한 죄의식은 곧 남편에 대한 분노의 감정을 불러왔다. 남편 역시 죄의식과 분노로 대응했으며, 그가 아내를 위해 애써왔던 모든 일에 대해 아내가 고마워하지 않는다고 화를 냈다. 마찬가지로 아이들도 이러한 악순환에 말려들었다. 어떻게 이 악순환을 깨뜨릴 수 있을까? 게슈탈트 치료자들은 이러한 융합을 깨뜨릴 수 있는 유일한 방법은 자신의 욕구에 주의를 기울이고, 욕구를 분명히 표현하고, 자신이 지향하는 바를 발견하고, 자신의 욕구를 존중하는 것이라고 이야기할 것이다. 이것은 항상 힘겨운 투쟁이다. 이를 견뎌내고 결혼을 유지하는 사람도 있지만 그렇지 못한 사람도 많다.

융합은 인간이 스스로를 풍부한 경험으로부터 차단하는 네 가지 방식 중 하나이다. 융합은 독자적 체계로서 알아차림을 방해하지만, 나머지 세 가지는 상호의존적으로 작용한다. 가장 순수하고 원시적인 형태의 융합은 투사와 내사, 반전 없이도 일어날 수 있다. 그러나 정신병을 심하게 앓고 있는 아이들을 제외하면 이러한 융합은 거의 발생하지 않는다. 목회 상담에서 만날 수 있는 일반적인 내담자의 경우에는 투사, 내사, 반전 및 융합이 서로 고립되어 따로따로 작용하지 않는다. 이들은 서로 맞물려 있고 기능적으로도 서로 관련되어 있다. 예를 들어 투사된 동일시는 두 사람 사이의 관계에서 융합, 투사, 내사가 결합된 것을 의미한다. 두 사람은 상대방으로부터 기꺼이 수용하고 싶은 부분들을 서로(융합이라는 방식으로 투사와 내사를 통해) 교환한다. 따라서 공격성과 분노를 표출하지 못하는 수동적인 여성은 자신과 정반대의-자기 안의 수동적인 부분을 조금도 용납하려 들지 않는-남성과 결혼한다. 그러면 그 남자는 더욱 거칠게 행동하며 여성의 공격성을 수용한다. 그리고 여성은 남성의 수동성을 수용하면서 더욱 수동적이 된다. 자신은 용납하지 못하지만, 상대방의 경우에는 편안하게 느끼고 때로는 자랑스러워하기까지 하는 부분을 서로에게 투사한 것이다. 자기 안의 이러한 부분들이 기능하는 것을 차단하려고 하지 않을 때 보다 인간적인 인간이 될 수 있다.

　Fritz는 유기체가 어떤 욕구를 가지고 있고, 그 욕구가 어떻게 충족되는 가에 주목했다. 또한 그는 책임이라는 개념을 강조하였으며, 성장과 발달 단계에서 게슈탈트의 완결이 어떻게 이루어지고, 어떻게 방해 받는가를 설명하였다. 투사, 내사, 반전은 게슈탈트의 완결을 방해한다. Fritz는 융합도 게슈탈트의 완결을 저해하는 또다른 방해물로 보았지만, 이 문제를 더 이상 심도 있게 다루지 못하고 세상을 떠났다. 그러나 Fritz의 연구는 이전의 심리치료 이론들의 존재를 왜소해 보이게 할 만큼 완전히 새로운 심리치료의 분야를 제시해 주었다. 인간의 영적, 동물적, 심리적 근원은 물론이고 미분화된 자아(nondifferentiated self)-경계가 모호하고 접촉되었을 때에는 자아를 분별하는 것이 불가능하다는 과대망상을 만들어 내는 자아-도 역시 융합이라는 개념을 통해 설명할 수 있다. 자아란 무엇인가, 그리고 인간이 경험할 수 있는 가장 커다란 상실-자기인식(self-knowledge)의 상실-이란 무엇인가에 관한 깊이 있는 정의를 내릴 수 있을 가능성이 여기에 있다. 자아의 가장 미시적인 정의도 융합이라는 개념을 통해 내릴 수 있다.

　과거에는 융합이 혼돈, 상호 공생관계(두 사람이 서로에게 심리적으로 의존하는 관계), 억제되지 않은 에너지와 알아차림의 부재 등이 뭉쳐져 이루어진 작은 덩어리에 불과하다고 여겨졌다. 융합이 그렇게 보였던 것은 융합 속에 존재하는 지극히 정교한 자아개념의 일면을 볼 수 없었기 때문이라는 것이 점점 더 명확히 드러나고 있다. 과도한 융합으로 인해 어려움을 겪고 있는 사람의 경우, 남들이 자신을 대하는 태도를 보고 괴로워하고 있거나 자신의 과민반응 때문에 괴로워하고 있다고 보아도 좋을 것이다. 그러한 내담자는 자아개념의 미시적 측면에 초점을 맞추지 못하고 상담자를 혼란스럽게 한다.

그렇다면 융합 속에 존재하는 자아개념의 미시적 측면이란 무엇인가? 간단히 정리해 보면 다음과 같다.

여기에 융합의 연속선이 있다고 하자. 연속선의 한쪽 끝에는 자타결합이 있고 다른 쪽 끝에는 자타분리가 있다.[5] 이 연속선의 자타결합 쪽의 극단에 있는 사람에게는 부드러운 것만 '나'로 여겨지고, 단단한 것은 '나'로 여겨지지 않는다. 기쁨과 만족은 부드러운 '나'의 일부이다. 만일 자타결합의 경험이 만족스러운 것이라면, 부드러운 '나' 속에 알아차림과 자기가 함께 있게 된다. 만일 자타결합의 경험이 만족스럽지 못한 것이라면, 알아차림과 자기 사이에 분열이 발생하고 만다. 이렇게 분열된 상태에서는 부드러운 '안의 나(inner-self)'와 단단한 '밖의 나(outer-self)'―즉 '나'임을 받아들일 수 없는 나―가 나누어져 있다. 달걀의 부드러운 내용물과 단단한 껍질을 상상해 보면 이해하기 쉬울 것이다. 이런 상태에 있는 사람에게는 생명이 있는 것과 생명이 없는 것 모두가 '생명이 없는 것'처럼 느껴진다.

융합의 연속선의 반대편 극단에는 자타분리의 상태, 즉 자신과 타인의 상호작용이 위치한다. 상호작용이란 반응의 공유라고 할 수 있다.[6] 상호작

---

5) Frances Tustin, *Autistic States in Children* (London, Boston : Routledge and Kegan Paul, 1981).

용은 두 사람이 함께 경험하는 융합이며, 이를 경험하고 있는 두 사람에게는 반응을 공유하는 것이 최고의 기쁨(ecstasy)이 되기도 한다. 반응을 공유하는 정도가 높아지면 높아질수록 기쁨도 커지기 때문이다. 서로를 사랑하는 사람들 사이에 이루어지는 성숙한 성행동이 이에 해당한다. 자타결합과 상호작용의 사이에는 '따라하기(mirroring)'라고 하는 융합의 형태가 존재한다. 이것은 두 사람이 서로를 따라 비슷한 행동을 하는 것을 의미한다. 따라하기는 대부분 무의식적으로 일어난다.

따라하기의 예는 상담현장에서도 찾아볼 수 있다. 상담자가 예약시간을 잊고 상담실에 나타나지 않았을 때, 내담자도 다음 예약을 취소해 버리는 것을 종종 볼 수 있다. 내담자가 상담자의 행동을 따라함으로써 보복을 한 것이다. 이는 상담자와 내담자의 융합에서 비롯되었다고 할 수 있다. 이성에게 넋을 잃을 만큼 반했을 때에도 상대방의 행동을 따라하는 경우가 있다. 이도 역시 최고의 기쁨을 가져올 수 있으며, 그로 인해 통제할 수 없는 융합을 일으킬 수도 있다. 넋을 잃을 만큼 반한 사람은 두 사람이 함께 융합을 경험하고 있다고 여기지만, 실제로는 자기 혼자만 달아올라 있는 것이며, 간혹 상대방은 아무것도 알지 못하고 있는 경우도 있다. 따라하기의 예를 한 가지 더 들어보면, 타인의 이야기에 계속 동의만 하는 사람은 상대방의 행동을 따라하고 있다고 할 수 있다.

애착은 따라하기와 상호작용의 사이에 위치하는 융합의 형태이다. 애착관계가 발생했을 때, 갑이라는 사람은 을이라는 사람의 의존적 욕구를 충족시켜 주고 있으며, 갑은 을에 의해 충족되는 성숙한 욕구—예를 들면 좋은 부모, 좋은 교사가 되고 싶은 욕구—를 가지고 있다. 자신과 관련된 융

---

6) Victoria Hamilton, *Narcissus and Oedipus* (London : Routledge and Kegan Paul, 1982).

합을 명확히 파악하는 것은 자신의 정체성에 대한 깊이 있는 이해를 돕는
다. 융합의 연속선을 〈표 2.1〉에 제시했다.

서로 다른 형태의 융합을 다루기 위해 상담자는 어떤 자세를 취할 것인지
를 선택할 필요가 있다. 여기에 제시한 네 가지 형태의 융합이 동시에 나타
나는 경우도 있지만, 하나씩 번갈아 나타나는 경우도 있다. 융합이 번갈아
나타날 때에는 융합의 연속선의 왼쪽에서 시작되어 오른쪽 방향으로 진행되
는 경우가 많다. "부드러운 것은 나이지만, 단단한 것은 내가 아니야"라는 식
의 자타결합 형태의 융합을 경험하고 있는 내담자에게는 부드러운 자세로
대응하는 것이 적절하다. 이러한 내담자는 자신의 행동만을 신뢰한다. 간혹
자신의 행동조차 신뢰하지 못하기 때문에 자타결합의 융합으로부터 벗어나
지 못하는 내담자도 있다. 때로는 단호한 태도로 내담자를 대할 필요도 있는
데, 그러한 경우에는 지지적인 분위기를 유지하는 것이 대단히 중요하다.

따라하기 형태의 융합을 경험하고 있는 내담자에게는 '바람직한 행동'을
보여줄 필요가 있다. 이를 테면 지식, 정직, 사려, 지혜 등 모든 면에서 내
담자에게 모범을 보일 필요가 있는 것이다. 이러한 내담자에게는 타인에
대한 최소한의 신뢰만이 존재할 뿐(예를 들면 일을 하면 사장이 월급을 줄
것이라는 정도의 신뢰), 타인을 전적으로 신뢰하는 법은 없다. 누군가에게
충실하려고 한다든지 애착을 보이는 일이 없음은 두말할 필요도 없다.

┃표 2.1┃ 융합의 연속선

자타결합 (Bonding)	따라하기 (Mirroring)	애착 (Attachment)	상호작용 (Interactional)
융합을 경험하지만 인식하지 못함	융합을 무의식 수준에서 인식함	융합을 의식 수준에서 희미하게 인식함	융합을 과도하게 의식하고 적극적으로 자신의 정체성을 찾으려 함

내담자가 상담자를 함부로 대하기 시작하면, 어렵기는 하겠지만, 상담자는 '따라하기' 행동을 하지 않도록 주의해야 한다. '따라하기'의 문제를 다룰 때에 상담자는 항상 긍정적인 자세를 유지해야 하며, 방어적으로 행동해서는 안 된다. 그리고 내담자는 '따라하기'의 문제를 다루는 것이 융합에서 벗어나 한 발 앞으로 나아가기 위한 과정임을 알아야 한다.

애착 형태의 융합을 경험하고 있는 내담자에게는 자신이 원하는 것과 상담자가 원하는 것 간의 차이를 명확히 인식시킬 필요가 있다. 이러한 내담자는 사람은 신뢰해도 세상을 신뢰하지는 못한다. 신에 관해서도 부정적인 태도를 보이는 경향이 있다. 상담자가 해야 할 일은 내담자의 내적 성장을 도우면서 접촉을 유지하는 것이다.

상호작용 형태의 융합을 경험하고 있는 내담자는 융합을 과도하게 의식한다. 그리고 적극적으로 자신의 정체성을 찾으려 한다. 상담자는 내담자의 이러한 자세를 인식하고 합리적인 반응을 보여주는 것이 중요하다. 그리고 내담자의 이야기와 과민한 태도에 과잉반응하지 않도록 주의해야 한다. 내담자에게 있어서 신뢰라는 개념은 인류, 세계, 우주, 신을 긍정적이고 총체적인 방식으로 신뢰하는 방향으로 발전한다. 자타의 구별이 일어날 때, 내담자는 상담자의 판단력이 미숙하다고 여긴다. 뿐만 아니라 이전에는 융합 속에 감춰져 있었던 자신에 대한 엄연한 진실에 반발할 것이라고 예상한다. 상담자는 현명하고, 실제적이고, 신중하고, 성숙한 판단력과 반응을 보여야 한다. 내담자가 해야 할 일은 자기가 미숙한 방식으로 자신을 평가하기 때문에 상담자도 자신을 부당하게 평가할 것이라고 지레짐작하고 있다는 사실을 깨닫는 것이다.

영성은 융합의 연속선에 제시된 정체성을 통해 모습을 드러낸다. 영성이란 만족스럽게 타인과 상호작용을 하며 우주 속에서의 자신의 정체성을 발견할 때에 통합된 의미를 지닌 긍정적인 하나의 총체로서 나타나는 법이다.

이 외에도 다른 형태의 정체성이 융합 속에서 모습을 드러낸다. 그것은 겉으로 잘 나타나지 않는 형태로 존재할 수 있으며, 세심한 주의를 기울이지 않으면 깨닫지 못할 수도 있다. 거만함, 분노, 보복 뒤에 숨겨진 부모, 가족, 인류에 대한 깊은 애정이 바로 그것이다. 이것은 정통 정신분석이 강조하는 것 중의 하나이다.

상담자는 내담자의 정체성을 깊이 있게, 그리고 반복해서 명료화할 필요가 있다.

지금 여기에서

'지금 여기에서'는 게슈탈트 접근법의 가장 기본이 되는 개념이다. 게슈탈트 접근법에서는 내담자가 과거가 아닌 현재에 충실히 존재할 수 있도록 하면서 알아차림을 촉진시킨다. Polster는 '힘(power)은 현재에 존재한다'라는 문구를 통해 '지금 여기에서'의 중요성을 지적했다.[7] Polster의 지적은 대단히 명확하지만, 이것이 자신의 삶에 어떻게 적용되는지를 제대로 이해하지 못하는 사람이 많다. 주지하다시피 현재는 과거 경험의 산물이다. 그러나 우리가 다룰 수 있는 것은 오직 현재뿐이다. 마찬가지로, 미래를 다루는 것도 불가능하다. 오직 **현재**, 즉 '지금 여기에서'만 문제를 다룰 수 있는 것이다.

사실상 시간조차도 허상처럼 보인다. 현대 과학은 시간도 우주가 만들어낸 하나의 차원에 불과하며 아직도 우리는 과거와 미래가 무엇인지를 알지 못한다는 사실을 일깨워 주었다. 게다가 수없이 보고되어온 예지, 전생 등과 같은 경험들은 과거와 미래의 개념을 보다 현재적인 개념으로 전환하게

---

7) Polster and Polster, *Gestalt Therapy Integrated*.

한다. 시간이 궁극적인 진리로서 기능한다기보다는 하나의 규칙으로서 기능하는 것이라고 파악하는 것이 합당할 것이다. 나는 이것을 현재적인 과거(practical past)와 현재적인 미래(practical future)라고 부른다.

주기도문에서 예수는 "아버지의 나라가 이루어지게 하소서. 아버지의 뜻이 하늘에서처럼 이 세상에서도 이루어지게 하소서(Thy kingdom come. Thy will be done in earth, as it is in heaven)."라고 말한다(마태복음 6장 10절). 여기서 우리는 미래를 나타내는 'come'이 과거를 나타내는 'done'과 함께 쓰인 것에 주목해야 한다. 예수는 Fritz가 쓸 법한 게슈탈트적인 문구를 사용하여 과거와 미래를 현재로 가져오고자 한 것인가? 만약 그렇다면, 이 구절을 통해 예수가 말하고자 한 것은 천국에 대한 알아차림을 과거와 미래에서 꺼내 '지금'으로 가지고 나오라고 하는 것이다. 즉 현재로부터 생명력을 빼앗아간 허상 속에 살지 말고 지금 여기 지상에서 천국을 경험하라는 것이다. 이것이 우리에게 의미하는 바가 무엇인지 생각해보라. 지상에서, 지금 여기에서 천국의 삶을 사는 것이다! 현재 속에 살기 위해 우리는 떠오르는 게슈탈트 속으로 완전히 뛰어들어야 한다. 그것이 과거의 기억이건, 먹고자 하는 욕구이건, 미래를 위한 계획이건 상관없다. 게슈탈트 접근법에서는 자신이 현재가 아닌 다른 곳에 존재하고 있다고 스스로를 속여서는 안 된다고 경고한다.

게슈탈트 접근법에서 중요한 것은 지금 이 순간에 집중하는 것이다. 그럼으로써 알아차림이 생기고, 자발성, 표현, 해소로 이어지며, 게슈탈트의 완결을 촉진하는 것이다. 과거나 미래 속에 살려고 하는 것은 현재의 힘과 접촉하고 현재를 충실하게 사는 것을 회피하는 것에 불과하다.

현재를 충실하게 산다는 것은 쉬운 일이 아니다. 현대인의 생활방식은 현재를 중요시하지 않는 경향이 있다. 교회에서 조차 "과거를 기억하라"라고 훈계를 듣는 일이 적지 않다. 교회의 성인들과 관련된 것이든 역사상의 영웅들과 관련된 것이든 간에 마치 과거가 우리의 일상생활을 점령하고 있는 듯하다. 종교는 '우리 자신을 위해' 주어졌을 계명과 과거의 가르침을 강조해왔다. 뿐만 아니라 과거에 선하고 성스러운 것으로 간주되었던 모범적인 삶을 강조해왔다. 그리고 국가는 선조들이 우리를 위해 정해놓은 규범과 이상을 고수해야 함을 주장해왔다. 정해진 궤도를 이탈하고 과거를 잊어버릴 경우 아마도 우리를 기다리는 것은 엄한 처벌일 것이다.

미래 또한 현재의 생활을 침범하고 있다. 기독교는 하느님의 왕국과 천국을 절대적으로 강조해왔다. 현재는 오직 미래에 천국에 도달하기 위한 수단으로서만 의미를 갖는 것이다. 국가 역시도 미래를 강조해왔다. 국가는 우리에게 미래를 위해 일하고, 계획하고, 에너지 위기에 대비해야 한다고, 그래야만 과거의 꿈을 실현할 수 있다고 외쳐왔다. 우리는 미래를 중시하는 과거의 직업윤리를 21세기에까지 가져가려 하고 있다.

그렇다고 해서 열심히 일하고 미래를 계획하는 것의 가치를 부정하는 것은 아니다. 다만 지금 이 순간에 초점을 맞추고 사는 것이 얼마나 어려운 일인가를 지적하고 싶은 것뿐이다. 이것은 상담에서도 마찬가지이다. 목회상담을 비롯하여 상담은 사회의 모습을 반영해왔다. 20세기 전반의 상담은 주로 과거만을 다루었다. 대표적인 예로서 목회상담에도 많은 영향을 끼친 프로이트의 고전적인 정신분석기법을 들 수 있다. 정신분석은 20세기 상담계에 커다란 기여를 하였으며, 그 영향력은 21세기에까지도 이어지고 있다.

20세기 후반에는 상담이론과 실제에 있어서 극적인 관점의 전환이 이루어졌다. 이러한 전환의 선봉에 선 것이 Rogers의 내담자 중심 상담이다. 이러한 움직임 속에 게슈탈트 상담을 비롯하여 참만남 집단, 감수성 집단 등 다양한 상담체계가 등장했다. Frank Goble은 이들을 '제3세력'이라고 칭하였다.[8] 상담과 인간의 성장에 대한 새로운 접근 방법 사이에는 한 가지 중요한 공통점이 있었다. 모든 접근방법이 과거나 미래보다는 현재를 더 중시하였으며, 과거가 절대적인 영향력을 가진다고 여기는 결정론 대신 개인의 선택의 자유를 강조했다.

만약 힘이 현재 속에 존재한다면, 고전적 정신분석 또는 변형된 정신분석의 명백한 효과를 어떻게 설명할 수 있을까? 게슈탈트 치료자들은 정신분석의 효과의 정도에 대해 이의를 제기하겠지만, 비록 의도된 것은 아닐지라도 과거 지향적 상담기법 역시 내담자로 하여금 현재를 다루도록 고무한다는 것에 주목해야 한다. 이와 관련된 예로 전이와 역전이라는 정신분석 이론의 개념을 들 수 있다. 프로이트는 내담자와 상담자의 관계가 과거의 대인관계의 재현이라고 보았다. 그리고 실제 상담에 있어서도 현재 나타나고 있는 상담자와 내담자 간의 관계를 다루는 것을 대단히 중요시했다.

게슈탈트 접근법에서는 오직 현재만이 존재함을 강조한다. 이것이 너무나 당연한 말처럼 들릴지도 모르지만, 우리는 이 당연한 말이 함의하는 것, 특히 인간의 성장에 대해 함의하는 바를 깨닫지 못하고 있는 것 같다. 그 결과는 삶의 단절, 즉 신경증적 삶으로 나타난다. 게슈탈트 접근법에서는 현재 속에 살기를 거부하는 것의 직접적인 결과가 신경증이라고 여긴다. 삶은 아무런 제약 없이 매순간 자연스럽게 흘러가는 만족스러운 성장의 경험이 될 수 있는 잠재력을 가지고 있다. 이러한 잠재력을 실현하는 것은 우리 각자가 스스로 지금 이 순간 다루어야 할 매우 개인적인 과제이다. 이 과제를 성공적으로 수행한다면 우리는 더욱 인간적인 인간이 될 수 있다.

---

8) Frank Goble, *The Third Force* (New York : Grossman Pub., 1970).

제3장 |

✳ 양파 껍질 벗기기

이 장에서는 게슈탈트 치료에 사용되는 기법과 게슈탈트 집단에 사용
되는 활동에 관해 논의한다. 어쩌면 이 장을 써서는 안 될지도 모
른다. 이 장을 쓰기 시작하면서, Fritz가 무덤에서 벌떡 일어나 "자네가 어
떻게 이럴 수가 있는가? 게슈탈트 치료가 기법이나 설명이 아니라는 걸 잘
알잖나!"라고 외치는 상상을 하곤 했다.[1) 상상 속에서 나는 "그렇지만 Fritz
선생님도 이것과 아주 똑같은 주제로 글을 쓴 적이 있지 않습니까?"라고
말한다.[2) 그리고 상상이 희미해져 갈 즈음에 Fritz의 얼굴에 엷은 미소가
떠오르는 것이 보인다.

다양한 심리치료 이론들이 인간을 이해하기 위해 어떤 시도를 하고 있는

---

1) Frederick S. Perls, *Gestalt Therapy Verbatim* (Lafayette, CA : Real People Press, 1969),
   p. 1.
2) Abraham Levitsky and Frederick S. Perls, "The Rules and Games of Gestalt Therapy,"
   in Joen Fagan and Irma Lee Shepherd, *Gestalt Therapy Now* (Palo Alto, CA : Science
   and Behavior Books, 1960), pp. 70-76.

가에 관한 논의에서 Fritz는 이것을 양파 껍질 벗기기에 비유한 적이 있었다. 즉 심리치료 이론들은 인간의 인격을 한 겹 한 겹 체계적으로 벗겨내 인간의 정신을 구성하는 요소들을 이해하려고 한다는 것이다. 그러나 양파 껍질을 차례대로 하나씩 벗겨가다 보면 '진짜 양파'는 사라져 버리고 결국은 아무 것도 남지 않게 된다! 심리치료가 어떻게 작동하는지를 이해하는 데에도 마찬가지의 비유가 적용될 수 있다는 생각이 든다. 어떤 심리치료 체계의 기본 전제와 기법들을 하나씩 살펴봄으로써 그 심리치료체계를 이해할 수 있다고 생각한다면 머지않아 실망을 경험하게 될 것이다. 조각들을 모아놓기만 한 채 더 커다란 게슈탈트를 놓치고 마는 것이다. 전체는 부분의 합 이상이다.

내가 아는 한, 사용할 기법을 엄격하게 정해놓고 그 기법들을 철저하게 따르면 치료적 효과가 항상 일어날 것이라고 주장할 수 있는 상담 또는 심리치료의 체계는 존재하지 않는다. 심지어 행동치료가들조차도 그러한 주장을 하지 못한다. 예를 들면 행동치료에 관한 문헌에서 Aubrey Yates는 "어떤 상황에서든지 사용할 수 있는 또는 사용해야만 하는 표준기법은 존재하지 않는다… 동일한 사례는 존재하지 않으며, 각각의 사례는 새로운 문제를 제시한다. 그렇기 때문에 사례마다 그에 맞는 고유한 방식으로 다루어야 한다"라고 했다.[3]

게슈탈트 접근법은 개체성을 존중하고 개체성에 대해 자유롭고 독창적인 방식으로 반응하는 것을 추구한다. 엄격한 의미에서 이야기하면, 게슈탈트 접근법은 심리이론을 만들어내려고 하지 않는다. 게슈탈트 접근법은 특정한 방법론이나 기법을 제공하지도 않는다. 중요한 것은 개개인의 게슈

---

3) Aubrey Yates, *Behavior Therapy* (New York : John Wiley and Sons, Inc., 1970), p. 64.

탈트를 존중하고 개개인을 총체적인 방식으로 이해하는 것이다. 인간을 완벽하게 이해할 수 있는 이론은 존재할 수 없으며, 모든 상황에서 효과를 발휘할 수 있는 기법도 존재할 수 없다.

하지만 어떤 상담체계이건 나름대로 기능하는 방식을 가지고 있기 때문에 상담체계들을 구별해내는 일은 가능하다. 어떤 상담체계에서는 특정 기법들이 더 많이 활용되고 또 어떤 상담체계에서는 특정 기법들이 덜 활용된다는 식으로 각각의 특성을 드러내기 때문이다. 상담에 관한 특정한 접근방법을 이해하고자 할 때에는 그 접근방법을 고수하는 사람들이 제시한 이론들을 살펴보고 어떤 기법들이 사용되었는지를 관찰하는 것이 도움이 된다. 하지만 양파 그 자체를 보지 못하고 오로지 양파 껍질 한 겹 한 겹에만 주목하는 우를 범해서는 안 된다.

게슈탈트 접근법이 제시한 변화이론을 이해하는 것도 도움이 될 것이다. Beisser는 이것을 역설적 변화이론이라고 불렀다.[4] 게슈탈트 접근법에서는 '내가 아닌 것'이 되려 하는 게 아니라 '본연의 자신'이 되려고 할 때 내담자에게 변화가 일어난다고 주장한다.

게슈탈트 접근법에서는 내담자를 변화시키려고 하지 않는다. 다만 내담자가 본연의 자신이 되도록 격려할 뿐이다. 본연의 자신이 아닌 다른 것이 되려고 애를 쓸 때 변화는 일어나지 않는다는 것이 게슈탈트 접근법의 전제이다. 오직 현재의 경험 속에 확고하게 서 있을 때에만 변화가 일어날 수 있다. 이러한 변화는 인간이 현재를 충실하게 살아갈 때에 자연스럽고 총체적인 방식으로 일어난다. 이 얼마나 역설적인가!

---

4) Arnold Beisser, "The Paradoxical Theory of Change," in Joen Fagan and Irma Lee Shepherd(Eds.), *What Is Gestalt Therapy?* (Palo Alto, CA : Science and Behavior Books, 1970), pp. 110-116.

우리는 여기서 다시 한 번 게슈탈트 접근법만의 독특한 측면을 보게 된다. 다른 상담체계들은 변화가 일어나는 방식에 대해 게슈탈트 접근법과는 다른 견해를 보인다. 정신분석가는 내담자에게 변화를 일으키기 위해 꿈 해석, 자유연상, 전이관계와 같은 기법들을 사용한다. 행동치료가는 보상과 처벌을 활용한다. 이들과는 대조적으로, 게슈탈트 치료자는 내담자가 현재에 명확하게 초점을 맞추고 현재를 최대한 충실하게 경험할 수 있도록 돕는다. 내담자가 무엇을 경험하는가? 그리고 그것을 어떻게 경험하는가? 미해결 과제가 있는가? 어떤 게슈탈트가 완결을 목말라 하고 있는가? 무엇이 게슈탈트의 완결을 방해하고 있는가? 내담자는 자신의 책임을 인식하고 있는가? 지금 이 순간 자신이 무엇을 어떻게 하고 있는가를 자각하고 지금 이 순간을 충실하게 경험할 수 있도록 내담자를 돕는 것이 게슈탈트 치료자가 해야 할 일이다.

게슈탈트 접근법의 관점에서 보면 상담은 하나의 예술이다. 게슈탈트 상담자는 창조적으로 작업하는 예술가와 같다. 예술작품의 초점은 내담자의 경험이다. 이 예술작품은 생명이 없는 물체와 살아있는 사람 사이에서 만들어지는 것이 아니라 살아있는 두 사람 사이에서 만들어진다. 두 사람의 만남이 생산적인 결과를 낳기 위해서는 진실한 만남, 생명력 넘치는 알아차림을 통한 만남이 이루어져야만 한다. 상담자는 냉정하고 초연해야 한다는 고정관점은 더 이상 의미를 가지지 못한다. 이러한 점에서 게슈탈트 접근법은 내담자 중심 상담처럼 상담자와 내담자의 상호관계를 중시하는 상담체계들과 공통점을 많이 가지고 있다.

게슈탈트 치료자는 최대한 인간적인 모습으로 내담자와의 만남에 임한다. 그가 내담자와의 만남에서 사용하는 기본 도구는 세련된 진단체계와 치료법도 아니요, 미리 준비해둔 현란한 기법들도 아닌, 바로 인간으로서의 진실함이다. 내담자와의 만남은 자연스러워야 하며, 그 안에서 감정, 생각, 사고의 공유가 이루어져야 한다. 어떤 의미에서는 "마음대로 해도 좋다'는 말이다. 이것은 무책임해도 좋다는 뜻이 아니라 적절하고 예술적인 방식이라는 맥락 속에서 마음대로 해도 좋다는 뜻이다. 게슈탈트 치료자는 고도의 훈련과 인격적 통합을 갖추고 있을 필요가 있다.

게슈탈트 접근법이 엄격한 기법들로 구성된 상담체계가 아니라는 것을 염두에 두면서, 게슈탈트 접근법의 규칙, 게임, 자원들을 살펴보자. 이들은 예술작품을 바라보는 관점이라고 할 수 있으며, 경험의 토대를 풍부하게 하여 게슈탈트라고 하는 현상을 보다 명확하게 이해할 수 있게 도와준다.

규칙

게슈탈트 치료자들은 게슈탈트 치료의 규칙과 지침들을 지켜야 개인치료이든 집단치료이든 치료효과를 극대화할 수 있음을 발견하였다. 이러한 규칙을 치료회기가 시작되기 전에 미리 설명하는 경우도 있고 아예 설명을 하지 않을 수도 있다. 회기 시작 전에 미리 규칙을 알려주고 논의하도록 하는 집단 진행자도 있고, 회기 중에 저절로 규칙들이 나타나도록 하는 집단 진행자도 있다. 다시 한 번 이야기하지만, 정해진 방식은 없다. 규칙은 정해진 방식이 아니라 예술적인 방식으로 소개되어야 한다.

지금의 원칙 (The Principle of the Now)

게슈탈트 치료의 목적은 알아차림을 촉진하는 것이다. 알아차림의 초점은 지금 이 순간에 놓여진다. 게슈탈트 접근법에서는 이러한 초점을 유지하기 위해 다양한 기법을 사용한다. "지금 무엇을 하고 있습니까?" 또는 "지금 무엇을 느끼고 있습니까?"라고 물으면서 회기를 시작할 수도 있다. 초점은 항상 지금 이 순간에 맞춰진다. 지금 이 순간에 머무는 것은 결코 쉽지 않다. 내담자는 과거에 관해 이야기하거나 공상 속에 빠져듦으로써 현재를 회피하는 일이 많다. 게슈탈트 치료자의 임무 중 하나는 내담자가 공상을 한다든지 하는 식으로 현재를 회피하고 있을 때 이를 깨닫도록 도와주는 것이다. 앞에서 언급하였듯이, 그렇다고 해서 내담자의 과거사에 아무런 관심이 없다는 뜻은 아니다. 과거사가 현재의 맥락에서 다루어져야 한다는 뜻이다.

게슈탈트 접근법에 따르면, 상담자와 내담자 간의 관계야말로 삶의 진정한 일부이며, 지금 이 순간 일어나고 있는 진정한 경험으로 다루어져야 한다. 게슈탈트 상담을 받고 있는 내담자는 철저하게 지금 이 순간을 살고 있다고 할 수 있다. 게슈탈트 치료의 과정 전체를 통틀어서 일관되게 강조되는 것이 지금의 원칙이다. 본 장의 뒷부분에서는 내담자가 현재에 초점을 유지하도록 돕는 몇몇 기법을 살펴볼 것이다.

나와 너 (I and Thou)

사람들 간에 의미 있는 의사소통이 이루어지려면 직접적인 접촉이 있어야 한다. "그냥 사람들이 나를 싫어해요" 혹은 "나는 그냥 세상에 화가 난 것 같아요"라고 말하는 내담자가 있다고 하자. 게슈탈트 접근법의 관점에서 볼 때, 이러한 말들은 다른 사람들과의 진정한 접촉에 대한 회피라고 할 수 있다. Fritz가 직접적인 접촉을 강조하는 것은 Fritz 자신도 인정하듯, Martin Buber의 영향이 크다. 진정한 접촉은 '나'와 '너'가 함께 할 때 이루어진다. 타인과의 관계에 '관해서' 이야기하거나 '과거의' 다른 사람에 대해 이야기하는 것은 진정한 접촉이 아니다. 그러나 그 사람을 직접 보고, 그 사람의 이름을 부르고, 나의 생각과 감정을 나눈다면, 진실한 접촉, 진정한 의사소통이 이루어질 수 있다. 나중에 언급하겠지만, 게슈탈트 게임은 이러한 직접적인 방식의 의사소통을 촉진하기 위해 활용되곤 한다.

뒷말하지 않기 (No Gossiping)

직접적이지 않은 의사소통의 또다른 형태는 마치 그 사람이 자리에 없는 것처럼 행동하며 그 사람의 행동에 관해 나름대로의 해석을 하면서 이야기하는 것이다. 이것이 뒷말하기이다. 뒷말하기는 의사소통을 방해한다. 게슈탈트 치료자는 내담자가 뒷말하기를 할 때에 이를 지적해 주어야 한다. 예를 들면 게슈탈트 집단에 참가한 내담자가 "John은 사적인 일을 전혀 털어놓지 않는다는 게 문제예요"라고 집단 진행자에게 이야기하는 상황을 살펴볼 수 있다. 그러면 집단 진행자는 "다시 한 번 말씀해 보세요. 하지만 이번에는 John에게 직접 말해보세요"라고 이야기해 줄 수 있을 것이다. 이것은 단순한 말장난이 아니다. 이것은 '나'와 '너' 사이의 의사소통을 촉진시켜 타인과의 문제를 해결할 수 있도록 돕는 직접적인 방법이다. 인간을 자발적이고 진실한 삶으로부터 차단시키는 것은 축적된 미해결 과제들이다.

'그것'과 '나' 언어 ('It' and 'I' Language)

인간은 자신의 신체적 반응에 주의를 기울일 때에만 건강하게 기능할 수 있다. 우리는 마치 신체가 자신의 일부분이 아닌 것처럼 신체를 대상화하는 경향이 있다. 한 가지 예를 들어 보자. 집단상담 지도자가 "당신의 눈이 무엇을 하고 있습니까?"라고 묻는다. 그리고 내담자가 "제 눈이 윙크를 하고 있습니다"라고 대답한다. 그러자 집단상담 지도자가 "나는 윙크를 하고 있습니다"라고 말해볼 것을 권한다. 이런 대화가 처음에는 좀 우스울지도 모르지만, 이것은 내담자가 자신의 신체에 대해 책임지기를 어려워하고 있음을 지적하는 것이다. 이렇게 분리된 경험은 통합될 필요가 있다.

이러한 관점은 인간이라는 유기체에게 비논리적인 지혜를 허락한다. 비논리적인 측면의 의사소통은 논리적인 측면 이상으로 중요하다. 비논리적인 지혜는 유기체의 욕구를 평가함에 있어서 좀처럼 오류를 범하지 않는다. 이것이 '유기체적인 앎'이다. '그것'과 '나' 언어를 사용하는 것은 총체적으로 기능하기 위해 필요한 것들에 내담자의 주의를 환기시키는 한 가지 방법이다.

알아차림의 연속선 (Use of the Awareness Continuum)

인간이라는 유기체에게 비논리적 지혜를 사용하도록 허용하는 것은 대단히 중요하다. 비논리적 지혜와 접촉하기 위해서는 어쩌다가 한 번씩 신체에 대한 알아차림을 시도하는 것만으로는 부족하다. 체계적인 방식으로 신체에 초점을 맞추어야 인간의 경험을 더욱 깊이 이해할 수가 있다.

알아차림의 연속선은 유기체 전체에게 말할 기회를 제공함으로써 체계적인 알아차림을 촉진시킨다. "당신은 지금 무엇을 알아차리고 있지요?"라고 내담자에게 묻는다. 내담자가 대답을 하면, 다시 "당신은 지금 무엇을 알아차리고 있지요?"라고 묻는다. 이러한 질문과 응답을 잠시 반복한다. 이러한 방법을 통해 종종 예상치 못한, 매우 의미 있는 것들을 발견하는 경우가 있다. 의자에 앉아 있음을 깨닫는 것이나 또는 코가 가렵다는 사실과 같은 피상적인 것에서 알아차림이 시작되더라도, 그것은 더 깊은 알아차림을 이끌어내곤 한다. 내담자가 가슴의 통증이나 발에 뜨거운 느낌이 있음을 호소할 때에 상담자가 이를 다루어 주면, 이전에는 인식하지 못했던 어떤 미해결된 과제에 대한 알아차림이 일어난다. 만일 회기가 오로지 지적인 수준에서만 진행되었다면, 이러한 미해결 과제는 발견되지 않았을 것이다.

게슈탈트 치료가 종종 신체 심리치료(body therapy)라고 언급되는 것은 신체를 강조하고 알아차림의 연속선을 사용하기 때문이다. 하지만 게슈탈트 치료에서는 신체뿐만 아니라 타인과의 의사소통 및 인간과 환경과의 관계를 강조한다는 사실을 잊어서는 안 된다.

게슈탈트 접근법의 또다른 특징은 '질문에 대해 질문하기'를 사용하는 것이다. 게슈탈트 치료자들은 항상 진실한 질문과 거짓된 질문을 구별하려고 한다. 질문이 의사소통을 차단하고 새로운 발견을 방해하는 경우가 많기 때문이다. 발표자가 집단원들에게 어떤 주제에 관해 이야기를 하고 나면, 집단원 중에서 한 사람이 일어나 질문을 하는 것이 보통이다. 그러나 어느새 질문자가 질문을 하는 것이 아니라 특정한 주제에 대한 자신의 관점을 피력하고 있음을 우리는 곧 알게 된다. 게슈탈트 치료자는 질문자에게 질문을 평서문으로 바꾸어 보게 하여 질문이 진실로 의미하는 바를 확인하게 한다. 예를 들어 한 집단원이 "남이 부정적인 피드백을 주면, Joe는 왜 항상 자신을 방어하려고 하지요?"라고 질문하면, 집단 진행자는 질문자에게 질문을 평서문으로 바꿔서 말해보라고 할 것이다. 그러면 질문자는 "Joe가 부정적인 피드백을 받을 때마다 항상 자신을 방어하는 것이라고 여겼습니다"라고 말할 것이다. 이러한 작업을 통해 질문자는 자신이 인식한 것에 대한 책임을 깨닫게 되며, 좀 더 직접적인 의사소통이 가능하게 된다.

게임

앞서 제시한 규칙들은 게슈탈트 집단이나 개인회기에서 실시되는 게임을 통해 활용된다. 게슈탈트 규칙에 따라 게슈탈트 작업이 진행되는 몇 가지 방식을 아래에 제시한다. 이 방식들을 제시된 그대로 따라하지 말고 창의적으로 사용할 필요가 있다. 제시된 것들을 그냥 따라하는 것은 게슈탈트 치료가 아니라 시선을 끌기 위한 트릭에 불과하다.

대화 게임 (Games of Dialogue)

대화 게임은 조각난 경험들을 통합하는 것을 돕는다. 대화 게임을 할 때에는 다른 사람들과 대화하는 것이 아니라 자기 자신과 대화를 한다. 예를 들어 어떤 사람이 다른 사람들에게 따뜻한 표현을 하는 것이 어렵다고 말한다면, 따뜻한 감정과의 대화를 하도록 할 수도 있고, 따뜻한 감정의 표현을 방해하는 것들과의 대화를 시켜볼 수도 있다. 또 한 가지 예를 들면, 남성에게는 자신의 여성적 측면과 대화해 보도록 하고, 여성에게는 자신의 남성적 측면과 대화를 해 보도록 할 수 있을 것이다.

돌아가며 이야기하기 (Making the Rounds)

예를 들어 어떤 사람이 일반화를 반복하면서 책임지기를 거부하고 있다면, '돌아가며 이야기하기'를 시켜볼 수 있다. 요령은 다음과 같다. 어떤 집단원이 "나는 사람들에게 매우 화가 나요. 그런데 필요 이상으로 화를 참고 있어요"라고 말한다고 하자. 그 집단원에게 자리에서 일어나 집단원들 한 사람 한 사람에게 다가가 '내가 화를 통제하는 방식은 …입니다'라는 문장을 완성하여 이야기하게 한다. 이 게임은 직접적인 '나'와 '너' 사이의 의사소통을 촉진함과 동시에 자신을 통제하는 방법을 알아차리도록 하는 데 매우 효과적이다.

미해결 과제 (Unfinished Business)

미해결 과제가 확인될 때마다 게슈탈트 치료자는 그 과제를 해소시키기 위해 내담자와 함께 노력한다. 우리는 종종 표현되지 못한 감정들을 발견하곤 한다. 가장 일반적인 것이 슬픔과 관련된 감정이다. 여기서 게슈탈트 치료자는 어떠한 방식이든 간에 가장 적절해 보이는 방식으로 그 사람이 감정을 표현하도록 돕는다. 예를 들면 상상 속에서 죽은 사람을 회상하고 그 사람과 대화를 나눠보라고 제안하기도 한다.

 거의 백여 명에 가까운 대규모 집단의 경우, 집단원들이 두 사람씩 짝을 이루어 상대방에게 해결되지 않은 채로 남아있는 것들에 대해 이야기해 보도록 할 수 있다. 이 집단에서 어떤 미해결 과제들이 이야기되고 해소될까? 예를 들면 돌아가신 부모님을 잊지 못하는 것, 남에게는 한 번도 얘기하지 못했던 배우자의 죽음, 스스로에게 슬픔의 감정을 느끼도록 허락하지 못했던 애완동물의 죽음, 아무런 감정도 표현하지 못하고 가족과 함께 살던 정든 집을 떠난 일, 한 번도 감히 드러내지 못했던 직장 상사에 대한 분노 등을 들 수 있다. 이러한 것들을 알아차리게 되면, 그 다음 단계는 감정을 표현하면서-눈물을 참지 않으며, 계속되는 웃음을 참지 않으며-가능한 한 공개적으로 그 문제들에 대해 이야기하는 것이다. 미해결 과제를 해결하는 데에 이러한 경험이 매우 효과적인 결과를 가져온다는 것이 증명되었다. 그러나 이것은 미해결 과제를 해결할 수 있는 방법들 중 하나일 뿐이다. 이 외에도 미해결 과제를 해결하기 위한 방법들이 상담회기 중의 자연스러운 맥락 속에서 발견되기도 한다.

내 탓이요 (I Take Responsibility)

이 게임에서는 알아차린 것을 이야기한 후에 "그건 내 탓입니다"라고 한 마디를 덧붙인다. 이 게임은 게슈탈트 상담회기 중 어느 시점에서나 사용할 수 있지만, 주로 회기의 초두에 사용한다. '내 탓이요' 게임을 시작할 때에는 우선 집단원들에게 지금 알아차린 것을 문장으로 만들어 보게 한다. 예를 들면 한 집단원이 "내가 앉아 있는 의자가 딱딱하다는 것을 알았어요"라고 말한다면, 그 뒤에 "그건 내 탓입니다"라고 덧붙이게 한다. 마찬가지로 집단원 중의 한사람이 "나는 두통이 있다는 것을 알았어요"라고 한다면, 그 말 뒤에 "그건 내 탓입니다"라고 말을 하게 한다. 만약 내담자가 "나는 두통이 있다는 것을 알았어요. 그건 내 탓이 아니예요"라고 말한다면, 내담자 안에서 통합이 이루어지지 않았음을 보여주는 것이다. 이런 경우에는 다른 형태로 내담자와 작업을 해야 한다. 내담자에게 이 작업에 참여할 의사가 있어야 함은 물론이다.

부정적인 알아차림보다는 긍정적인 알아차림을 이야기하는 것이 더 쉽다. 분노나 혼동과 같은 것들에 대한 책임을 인정하기 위해서는 상당한 노력이 필요하다.

나의 비밀은 (I Have a Secret)

이 게임에서는 집단원들에게 누구에게도 말한 적이 없는, 꼭꼭 숨겨왔던 비밀을 생각해 보라고 제안한다. 이 비밀에 대해서는 말하는 것이 아니라 다만 마음 속으로 떠올려보는 것이다. 그리고, "당신은 이것에 대해 어떤 기분이 들지요?"라고 질문한다. 집단 안에서 공유되는 것은 감정이다. 종종 수치심과 죄의식이라는 감정이 드러나는데, 이러한 감정들도 적절한 방식으로 다루어질 수 있다.

이 게임의 또다른 버전은 집단원들에게 메모지를 한 장씩 나누어 주고, 메모지의 한쪽에는 자신에 대해 다른 사람들이 알아줬으면 하는 세 가지를 적고, 다른 한쪽에는 자신에 대해 다른 사람들이 몰랐으면 하는 세 가지를 적어 보게 한다. 그리고 나서 다른 사람들이 알아줬으면 하는 세 가지를 집단 안에서 이야기하게 한다. 이 게임을 통해 다른 사람들도 역시 남들이 알아주기 바라는 것들, 심지어 자랑하고 싶은 것을 가지고 있고, 때로는 죄의식을 느끼며 숨기고 싶은 것들을 가지고 있다는 새로운 알아차림이 생길 수 있다.

투사 게임 (Playing the Projection)

투사는 책임을 회피하고자 할 때 주로 사용되는데, 투사 게임은 자신이 지금 투사하고 있다는 것을 깨닫는 데에 도움이 된다. 예를 들어 한 집단원이 다른 집단원들에게 "나는 여기에 있는 사람들을 믿지 않아요. 누구 한 사람도 믿을 수가 없어요"라고 말한다면, 그 사람으로 하여금 집단원 한사람 한 사람에게 '내가 당신을 믿지 않는 방식은 …입니다'라는 문장을 완성해서 말하도록 한다. 만약 신뢰가 문제의 핵심이 아니라면, 그는 거의 아무런 어려움 없이 이 작업을 할 수 있을 것이며, 이것이 별로 적합한 게임인 것 같지 않다고 이야기할 것이다. 그러나 정말로 신뢰가 문제가 되는 상황이라면, 그 사람은 게임을 거부할지도 모른다. 하지만 게임을 끝낸 후에는 게임이 도움이 되었다고 이야기할 것이다.

반대로 하기 (Reversals)

이 게임은 잠재력이 표출되는 것을 방해하는 방식을 살펴봄으로써 내담자가 자신의 숨겨진 잠재력과 접촉하도록 도와주는 데에 유용하다. 예를 들어 어떤 집단에 참여한 매우 소심한 사람이 다른 집단원들에게 공격적인 자세를 취해보라는 제안을 받았다고 하자. 그 사람은 자신의 잠재적인 공격성에 접촉하게 되어 처음에는 매우 충격을 받았지만 곧 기쁨의 표정을 지었다. 언제나 하고 싶었던 행동을 전혀 어려움 없이 해냈기 때문이다.

비록 다른 사람이 공격적인 행동을 하도록 허락해준 상황에서 이루어진 일이기는 하지만 말이다. 여기에서 나아가야 할 다음 단계는 두말할 필요도 없이, 자신이 자신에게 그 행동을 허락하는 일이다.

접촉과 후퇴의 리듬 (The Rhythm of Contact and Withdrawal)

게슈탈트 치료는 주의집중과 알아차림을 촉진한다. 접촉과 후퇴는 삶의 자연스러운 과정 속에 발생한다. 하나의 게슈탈트가 완성된 후 후퇴하면 또 다른 게슈탈트가 떠오른다. 게슈탈트 치료에서는 그러한 후퇴에 주목함으로써 그것이 건전한 후퇴인지, 아니면 자기 자신과의 만남 또는 타인과의 만남을 회피하려는 것인지를 알아본다. 게슈탈트 치료자들은 아마 이렇게 물어볼 것이다. 현재의 게슈탈트가 후퇴하고 나면 다음에는 무엇이 떠오릅니까? 그것을 우리에게 말해줄 수 있습니까? 그것을 자신의 것으로 수용할 수 있습니까? 이 영역에 초점을 맞추기 위해서 게슈탈트 작업을 실시할 필요가 있는 경우도 있지만, 그렇지 않은 경우도 있다. 다시 이야기하지만, 게슈탈트 치료자는 마치 예술가와 같이 지금 이 순간에 형성된 독특한 게슈탈트를 내담자가 표현하도록 도와주어야 한다.

사전연습 (Rehearsal)

집단원에게 자신의 생각을 집단 전체와 공유하도록 요구하는 경우가 있다. 예를 들어 어떤 집단원이 "그것에 대해 나는 참 많이 생각해 왔습니다"라고 말할 때 그 생각을 다른 집단원들에게 이야기하도록 요구하는 경우이다. Fritz는 관찰을 통해 내담자가 '생각'이라고 말하는 것들이 대부분 실제로는 역할행동의 사전연습이라는 것을 알았다. 인간은 무슨 말을 하고 무슨 행동을 할지에 대해 미리 상상을 한다. 그리고 자신의 말과 행동으로 인해 무슨 일이 일어날지를 떠올린다. 소위 불안이라 불리는 것의 상당수는 마음속으로 사전연습을 하기 때문인 경우가 많다. 이 과정을 알아차리면 자신의 내적 과정의 역동을 더 잘 이해할 수 있게 된다. 그리고 이를 음미해봄으로써 자신의 사고, 감정, 행동이 어떻게 형성되었는지를 알게 되고, 자신을 진정한 만남으로부터 차단하는 방식들을 이해할 수 있게 된다.

과장하기 (Exaggeration)

게슈탈트 접근법에서는 몸짓이나 어조를 과장해야 한다고 이야기하는 경우가 많다. 가령, 내담자가 이야기를 하면서 손을 살짝 흔들어 보였다면, 적정 한계에 달할 때까지 혹은 그 이상이 될 때까지 이 몸짓을 더 큰 동작으로 반복하라고 요구한다. 그리고 다음과 같은 질문을 할 수 있을 것이다. 그 몸짓이 무엇을 말하고 있습니까? 그 몸짓이 어떻게 말을 하고 있습니까? 그 몸짓과 대화를 해 보겠습니까? 그 대화의 내용은 무엇입니까? 대화를 통해 미해결 과제를 다루는 중에 내담자가 "나는 당신이 싫어"라고 들릴듯 말듯한 목소리로 이야기했다고 가정해보자. 이때 상담자는 내담자에게 더 크게 이 말을 반복하라고 주문한다. 내담자가 "난 당신이 싫다니까!"라고 마음껏 외칠 때까지 이 문장을 계속해서 반복하라고 요구한다. 이러한 과장하기 기법에는 정화 효과가 있으며 새로운 알아차림을 발생시킨다.

한 마디 거들어도 될까요? (May I Feed You a Sentence?)

간혹 감정을 제대로 표현하지 못하는 집단원이 감정을 표현하려고 시도하는 것을 보는 일이 있다. 자신의 감정을 알아채지 못하는 집단원이 보여주는 행동이 그 사람의 감정 또는 태도와 불일치하는 것을 보는 일도 있다. 이러한 경우에 집단 진행자는 "한 마디 거들어도 될까요? …라고 집단원들에게 이야기해 보세요"라는 식으로 하나의 문장을 제시할 수 있다.

이 게임은 내담자에게 해석을 제시하기 위한 것이 아니라 알아차림을 촉진하는 방법의 한 가지이다. 어떤 사람이 불평 한마디 하지 않고 시종일관 자신이 집단의 모든 사람들을 얼마나 좋아하는지에 대해 이야기하고 있다고 하자. 그러나 그가 계속해서 주먹을 불끈 쥔다거나 화난 어조로 말한다면 집단 진행자는 다음과 같은 제안을 해볼 수 있다. "모두에게 이렇게 말해보세요. '머리 속으로는 당신들을 좋아하지만, 속에선 정말 당신들에게 화가 나는군요'라고." 이 사람이 반응하는 방식은 집단 진행자의 제안이 정확했었는지의 여부를 알려주는 신호가 되기도 한다. 집단 진행자의 제안에 따르기를 거부할 경우 아직 책임을 받아들일 준비가 되지 않았다는 신호로 여겨도 좋다.

다른 자원들

앞서 지적한 바와 같이, 게슈탈트 작업은 대단히 다양하며 틀에 얽매이지 않고 실시될 수 있다. 앞에서 얘기한 게임들 이외에 게슈탈트 작업에 사용되는 다른 기법들을 몇 가지 살펴보기로 하자.

환상 여행 (Fantasy Journeys)

전의식(preconscious)의 내용(현재 의식되고 있지는 않지만, 주의를 집중하면 쉽게 의식화될 수 있는 생각, 감정, 욕구)을 알아차리기 위해 자주 사용되는 기법 중에 환상 여행이라는 것이 있다. 실시 요령은 다음과 같다. 내담자에게 눈을 감고 긴장을 푼 다음 집단 진행자의 지시에 따르도록 한다. 내담자는 '지혜로운 노인'과 함께 모닥불 주위에 둘러앉아 있는 상상을 한다. 그리고 내담자가 노인에게 한 가지 질문을 하도록 한다. 그런 다음에 환상 여행의 결과를 전체 집단원들과 나눈다. 환상 여행은 매우 효과적인 도구이며, 종종 카타르시스로 이어지기까지 한다. 환상 여행을 통해 미해결 과제 혹은 숨겨진 잠재력에 대한 알아차림을 얻을 수도 있다. 환상 여행의 치료적 가능성은 거의 무한하다고 하겠다.

꿈 작업 (Dream Integration)

꿈을 다루는 것은 대단히 중요하다. 여기서 우리가 다룰 것은 꿈의 해석이 아니라 꿈의 통합이다. 꿈 작업을 할 때에는 내담자에게 마치 지금 일어나고 있는 것처럼 꿈을 다시 얘기해 보라고 주문한다. 꿈을 이야기하면서 내담자는 그 꿈의 각 부분들을 연기해 보도록 한다. 즉 내담자로 하여금 자신의 꿈에 등장한 각 부분들을 차례로 동일시하여 그것들이 되어 보도록 하는 것이다. 꿈 작업은 인격의 분리된 여러 측면들을 통합하는 데 도움을 준다. Fritz는 하룻밤의 꿈이라도 그 안의 모든 장면들을 완전히 통합할 수만 있다면 인격의 완전한 통합을 이룰 수 있다고 했다. 보다 자세한 내용은 이 책의 후반에서 꿈 세미나에 참석한 목회자의 예를 통해 살펴볼 것이다.

뜨거운 의자 (The Hot Seat)

Fritz가 활용했던 가장 잘 알려진 기법 중의 하나가 아마 뜨거운 의자일 것이다. Fritz는 자기 옆에 빈 의자를 하나 놓고 누구든지 자원하는 집단원에게 거기에 앉게 했다. 그리고 또다른 빈 의자를 근처에 하나 놓아두었다. 뜨거운 의자는 내담자가 개인적인 문제들에 집중할 수 있도록 돕는 데 매우 효과적임이 증명되었다. 뜨거운 의자 기법을 사용하면 대부분의 상호작용은 진행자와 뜨거운 의자에 앉은 집단원으로 제한된다. Fritz는 게슈탈트 규칙을 벗어나지 않는 한 앞서 언급한 게임과 기법 중에 어느 것을 사용해도 무방하며, 새로운 게임과 기법을 즉석에서 만들어 내도 좋다고 했다. 뜨거운 의자 근처의 빈 의자에는 사람을 앉혀 놓은 상상을 해도 좋고, 다룰 필요가 있는 문제라면 무엇이든지 올려 놓아도 좋다. 그리고 때때로 의자를 바꿔 가며 대화를 계속하게 한다.

집단에서 뜨거운 의자 작업을 하다보면, 작업을 하고 있지 않은 다른 집단원들 역시 지금 일어나고 있는 일에 깊이 몰입하고 있는 것을 관찰하게 된다. 이들도 뜨거운 의자 작업을 하고 있는 집단원과 마찬가지의 문제를 경험하고 있는 경우가 흔하기 때문이다. 이것은 뜨거운 의자 작업이 끝난 후 전체 집단원들과 이야기해 보면 명확하게 알 수 있다.

쿠션 대화 (Pillow Talk)

또다른 기법 중에 쿠션 대화라고 부르는 것이 있다. 실시 요령은 다음과 같다. 쿠션을 마루 한가운데 놓아두고 내담자를 쿠션의 한쪽 끝에 앉게 한다. 그리고 내담자에게 "쿠션의 이쪽 편에 앉아서 '예'라고 말하고 있는 것은 무엇입니까? 쿠션의 저쪽 편에 앉아서 '아니요'라고 말하고 있는 것은 또 무엇입니까?"라는 질문을 한다. 쿠션의 이쪽 편과 저쪽 편을 오가며 상당한 대화가 이루어질 수 있다. 대화가 도중에 막힌다거나 모종의 통합이 이루어진 것이 보이면, 내담자에게 쿠션의 세 번째 측면으로 옮겨가라고 주문한다. 이렇게 함으로써 쿠션의 다른 두 측면 사이에 오가는 대화를 객관적으로 볼 수 있게 된다. 이쪽 측면에서 다소 양보해야 할 부분은 어떤 것인지, 다른 측면에서 보지 못하는 것은 무엇인지 등을 알게 되는 것이다. 그런 다음에는 쿠션의 네 번째 측면으로 옮겨가 그 상황을 초월하게 된다. 마지막 단계는 쿠션의 한 가운데에 문자 그대로 펄쩍 뛰어서 앉도록 한다.

쿠션 대화는 내담자가 자기 자신을 보다 더 수용할 수 있도록 돕는 데에 매우 효과적이다.5)

게슈탈트 실험 (Gestalt Experiments)

간혹 게슈탈트 작업을 하려면 정식으로 개인상담이나 집단상담을 받아야 하는지를 묻는 경우가 있다. 이에 대한 답은 'NO'이다. 실제로 Fritz와 그의 동료들은 다양한 상담 상황에서 쓰일 수 있는 일련의 실험들을 고안해 내었다. 그들은 *Gestalt Therapy*6)라는 책을 통해 알아차림을 얻어 개인의 통합과 진실함에 이르는 다양한 방법을 제시하였다. 게슈탈트 실험은 크게 두 개의 범주로 나누어지는데, 첫 번째 범주는 '눈뜨게 하기(orienting the self)'라 불리는 것으로서, 세 가지 유형의 실험을 활용한 것이다.

1. 환경과 접촉하기 : 이 범주에 해당하는 실험의 유형에는 현실을 느끼기, 대립하는 힘을 감지하기, 주목하고 집중하기, 구별하고 통합하기 등이 포함된다.
2. 알아차림의 기법들 : 기억하기, 신체감각 예민하게 하기, 감정의 연속성 경험하기, 언어화하기, 알아차림을 통합하기 등이 여기에 속한다.
3. 알아차림의 방향 바꾸기 : 융합을 접촉으로, 불안을 흥분으로 바꾸는 것들을 다룬다.

두 번째 범주는 자신을 조작하는 것과 관련된 실험들이다.

---

5) Leland Johnson, *Pillow Talk* (Houston : The Gestalt Institute of Houston, n.d.).
6) Frederick Perls, Ralph Hefferline, and Paul Goodman, *Gestalt Therapy : Excitement and Growth in the Human Personality* (New York : Dell, 1951).

1. 반전 : 잘못된 방향으로 형성된 행동을 찾고, 몸의 근육을 움직이게
   하며, 반전된 행동을 반대로 하게 한다.
2. 내사 : 내사된 것들을 제거하고 소화하게 한다.
3. 투사 : 투사된 것들을 발견하고 내 것으로 받아들이게 한다.

제시한 실험들 중 몇 가지는 실시하는 데에 한 사람 이상을 필요로 하기
도 하지만, 대부분의 실험들은 집단상담과 개인상담에서 모두 사용될 수
있다.

게슈탈트 기법의 종류는 무한히 다양하다. 그러나 이러한 기법들을 시선
을 끌기 위해 또는 무분별하게 사용해서는 안 된다. 기법을 사용할 때에는
무엇보다도 내담자의 필요를 고려해야만 한다. 적절하고 분별력 있게 사용
된 기법은 개인의 심도있는 성장을 촉진하는 매체로서 기능할 수 있다.

게슈탈트 작업이 그토록 효과적인 이유는 무엇일까? 그것은 앎과 행동이
분리될 수 없기 때문이다. 특정한 역할과 행동을 실제로 경험하는 것을 통
해서, 우리는 원래부터 거기에 있던 진실을 깨달을 수 있는 것이다.[7]

정신역동을 보는 관점

양파가 무엇인지를 제대로 알기 위해서는 양파의 각 부분이 아니라 양파
전체를 바라보아야 한다. 양파의 특성이면서도 부분에서는 찾을 수 없는
것이 바로 전체성이다. 한 번도 양파를 본 적이 없다면 양파의 다양한 부
분에 번갈아 초점을 맞추는 것이 도움이 될 것이다. 이를 테면 양파의 크
기와 모양, 껍질이 쌓여있는 방식, 독특한 냄새, 촉감 등을 살펴볼 수 있을

---

7) Phillip Kapleau, *The Three Pillars of Zen* (Boston : Beacon Press, 1965), pp. 64-65.

것이다. 알아차림이 생겨날 때마다 양파와 관련된 새로운 게슈탈트가 형성된다. 이러한 게슈탈트는 하나의 측면에서 다른 새로운 측면으로 주의를 옮겨감에 따라 해소(배경이 되기)와 형성(전경이 되기)을 반복한다. 그리고 이 모든 것들이 서로 적절히 어우러질 때, 우리는 비로소 "아하, 이게 양파란 거구나" 하고 외치게 된다.

어떻게 보면 게슈탈트의 '규칙과 게임'은 양파의 껍질과 같다고 할 수 있다. 각각의 껍질은 완전한 게슈탈트의 일부일 뿐 전체와 혼동되어서는 안 된다. 게슈탈트 접근법은 다양한 전경들이 생겨나는 배경이라고 할 수 있다. 각각의 전경들을 살펴보는 것은 전체를 더욱 풍부하게 이해할 수 있도록 해준다.

전체를 풍부하게 하는 또 하나의 전경으로, 정신역동을 보는 게슈탈트 접근법의 관점을 들 수 있다. 프로이트가 원초아, 자아, 초자아에 대한 설명을 바탕으로 이론을 구축한 반면, Fritz의 접근법은 경험의 세 영역에 대한 독창적인 견해를 중심으로 형성되었다. 즉 경험의 외부영역, 중간영역, 내부영역이 그것이다. [그림 3.1]을 참고하기 바란다.

1. 외부영역 : 외부경험은 감각기관을 통해 주변환경과 접촉함에 따라 형성된다.
2. 내부영역 : 내부경험은 배고픔이나 갈증처럼 유기체 내에서 일어나는 것으로서, 여기에는 생물학적 균형을 유지하기 위한 유기체의 모든 활동이 포함된다. 이 중 일부는 의식되지만, 나머지는 의식 밖에서 일어나기도 한다.
3. 중간영역 : Fritz가 DMZ(비무장지대)라 부른 이 영역은 내부와 외부경험 사이의 접촉지점을 일컫는다. 이 영역을 지배하는 기능은 사고이며, 기억, 명칭, 소망 등과 같이 사고를 통해 처리되는 것들이 이 영

역 속에 존재한다. Fritz는 사고활동을 환상이라 일컬었는데, 그 이유는 유기체 내부 및 외부의 현실과 사고활동을 명백히 구분하기 위해서였다. 게슈탈트 접근법의 관점에서 보면 신경증적 행동이라 불리는 것의 대부분이 DMZ 영역에서 생겨난다. 이 영역에서의 활동이 현실과 혼동을 일으킬 때 신경증적 행동이 나타난다.

본 장의 서두에서 살펴본 지금의 원칙이 필요한 이유는 내부 및 외부의 현실 경험과 DMZ의 환상을 구분 짓도록 돕기 위해서이다. 게슈탈트 게임은 DMZ의 왜곡 없이 경험과 직접 직면할 수 있는 상황을 제공한다. DMZ에서 일어나는 왜곡을 제거해야 유기체가 건강하게 기능할 수 있다. 이는 Albert Ellis가 합리적 정서치료(RET)[8]에서 제시한 개념과 맥락을 같이 한다. 사람들은 자신이 갖고 있는 신념체계에 따라 사건에 반응하게 되어 있다. 따라서 비합리적인 신념을 가진 경우 부적절한 방식으로 사건에 반응하게 될 것이다. 게슈탈트 치료와 합리적 정서치료의 주된 차이점은 치료에 사용되는 개입 방법에서 찾을 수 있다. Ellis는 더 많이 사고함으로써 비합리적인 생각을 수정하려고 했던 반면, Fritz는 직접적인 경험을 통해 이를 바로잡고자 했다.

Fritz는 DMZ 안에 존재하는 수많은 '~해야만 한다' 또는 '~해서는 안 된다'는 생각, 내사된 사고방식, 가치판단들이 외부경험 및 내부경험을 방해한다고 여겼다. 뿐만 아니라 DMZ의 '컴퓨터' 프로그램들—즉 사고—이 경험을 오염시킨다고 생각했다. 게슈탈트 치료에서는 유기체의 경험이 그 자체로서 타당성을 가지고 있다고 주장한다. 우리는 유기체가 제공하는 지혜에 대해 열린 자세를 취해야 하며, 사고에 지배당하지 말아야 한다.

---

8) Albert Ellis, Robert A. Harper, *A Guide to Rational Living* (Hollywood, CA : Wilshire Book Co., 1968).

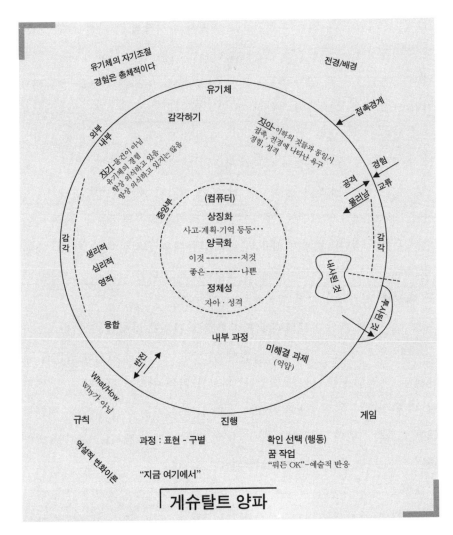

유기체의 자기조절
경험은 총체적이다

전경/배경

유기체

감각하기

자아-이하의 것들과 동일시
접촉, 전경에 동일시
경험, 성격

접촉경계

외부
내부

자기-물건이 아님
유기체의 경험
항상 의식하고 있음
항상 의식하고 있지는 않음

경험

중앙부

(컴퓨터)

상징화
사고-계획-기억 등등···

공격

교류

물러남

양극화

감각

이것 ------ 저것
좋은 ------ 나쁜

감각

생리적
심리적
영적

정체성

자아 · 성격

내사된 것

융합

투사된 것

내부 과정

미해결 과제
(억압)

전환

What/How
Why가 아님

규칙

진행

게임

역설적 변화이론

과정 : 표현 - 구별

확인 선택 (행동)
꿈 작업
"뭐든 OK"-예술적 반응

"지금 여기에서"

게슈탈트 양파

┃ 그림 3.1 ┃ 융합의 연속선

임상목회 교육 프로그램에 참석한 한 신학도의 예를 들어보기로 하자. 이 학생은 매우 지적이고 재능 있는 여성이었으나 목회상담을 실시한 내담자로부터 다소 부정적인 평가를 받게 되었다. 이 평가 때문에 결과적으로 그녀는 주변의 모든 것을 부정적으로 비판하기 시작했고, 자신에 대해서도 매우 비판적이 되었다. "더 잘했어야 하는데"라는 말을 했고, 그때의 일로 저자가 자신을 낮게 평가한다고 믿고 있었다. 또한 다른 스태프들도 저자 처럼 느낄 거라 확신하면서 어떤 말이나 행동도 그런 결론을 굳히는 식으로만 해석하려 들었다. 그녀는 크게 동요했고 목회상담 임상수련을 하기로 한 병원으로 돌아가는 것도 주저하게 되었다.

그녀가 저자에게 도움을 청하러 왔을 때 저자가 제시한 방법은 그녀 자신이 실제로 어떻게 보이는지를 경험으로 확인하라는 것이었다. 나의 제안은 게슈탈트 집단치료에서 사용하는 방법과 매우 흡사한 것으로, (1) 자신이 그때그때 느끼는 감정을 충분히 드러내고, (2) 다른 사람들이 그것에 대해 어떻게 느끼는지 직접 물어보라는 것이었다.

그녀는 함께 훈련 프로그램에 참가한 집단원들과 자신의 생각을 나누기 시작했고, 예전의 그 내담자와 관련된 안 좋은 사건에서 경험한 감정과 태도를 다른 사람들과 나누게 되었다. 자신이 처한 처지와 경험하고 있는 것에 대해 집단이 매우 수용적이라는 것을 알고 그녀는 무척 놀랐다. 집단원들은 "그래, 어쩌면 그 내담자에게 더 잘 했을 수도 있겠지요. 하지만 완벽하지 않아도 괜찮아요"라고 말해 주었다.

또한 그녀는 자신이 실시한 상담이 어떻게 평가받고 있는지에 관해 병원 스태프들과 직접적인 의견교환을 하였다. 병원 스태프들은 그녀의 상담에 만족하고 있으며, 불만을 제기한 내담자는 그때 그 내담자 밖에 없다는 것을 이야기해 주었다. 그 내담자의 사례에 대한 저자의 생각을 물었을 때, 저자는 "내가 보기에 당신은 이곳에서 자신에 대해 배울 기회를 얻은 것 같군요. 당신이 그러기를 원한다면 말이죠. 난 한 번도 당신이 완벽하기를 바란 적이 없어요. 혹시 당신 스스로 그러기를 바란 건 아닌가요?"라고 대답했다. 그러자 그녀는 선뜻, "글쎄요, 다른 사람들이 나를 괜찮게 보고 있다는 것을 안 다음부터는 완벽하지 않더라도 나에 대해서 만족하게 된 것 같아요"라고 대답했다. 그리고는 자기 자신과 목회상담에 대한 자신감을 가지고 병원으로 돌아갔다. 자신이 할 수 있는 최선을 다하고 있으며, 더 이상 자신에게 가혹할 필요가 없다는 것을 알게 된 것이다.

경험의 세 영역에 비추어 그녀의 경우를 설명해 보자면, 외부경험이 중간 영역의 활동에 의해 왜곡되었다고 할 수 있다. '~해야만 한다'는 사고방식을 경험에 적용했던 것이다. 다시 말하면, 경험을 있는 그대로 수용하지 못하고 '경험에 관한 경험'에 근거해서 반응을 했다고 할 수 있다. 중간영역의 이러한 활동이 경험에 대한 그녀의 지각을 왜곡시킨 결과, 부정적인 자기평가가 생겨나고 타인 및 주변환경과의 접촉마저 왜곡시키고 말았다.

그녀의 경우에는 중간영역의 왜곡에서 빨리 벗어날 수 있었지만, 늘 이럴 수 있는 것은 아니다. 특히 중간영역이 과거의 경험과 강하게 동일시되었을 때, 혹은 내사가 심각한 경우에 상황은 더욱 어려워진다. 프로이트는 과거의 경험이 현재의 감정과 행동을 붙들고 있는 상황을 억압이라는 개념으로 설명했지만, Fritz는 억압이 지나치게 정적인 개념이라고 여겨 미해결 과제라는 용어를 선호했다.

게슈탈트 접근법의 관점에서 볼 때, 인간이라는 유기체는 태어날 때부터 전체성과 완결성에 대한 강한 욕구를 가지고 있다. 유기체는 전체성과 완결성을 지향하기 때문에 미해결된 과거의 경험은 계속해서 해결을 추구한다. 미해결된 경험들은 유기체의 절실한 욕구와 관련하여 하나씩 모습을 드러내 유기체가 현재 기능하는 것을 방해한다. 유기체의 기능이 방해받는 정도는 미해결된 경험의 중요도와 양에 따라 결정된다. 게슈탈트적 접근에서는 불완전한 게슈탈트들이 지금 이 순간 역동적인 방식으로 완결되도록 허용한다. 과거로 돌아가는 것과 같은 불가능한 일을 시도하지 않는다. 현재 중심의 관점에서 미해결 과제를 완결시키는 것이 게슈탈트 게임의 주된 목적이다.

게슈탈트 접근법의 또다른 중요한 측면은 자아(ego)와 자기(self)에 대한 관점이다. 자아는 '경험과의 동일시'라고 불리는 기능에 붙여진 이름이다. 다시 말하면, 자아는 상(像, thing)이 아니라 유기체가 가진 기능(function)이라고 할 수 있다. 자아는 유기체가 욕구충족을 위해 에너지와 자원을 사용하도록 유도하는 기능을 한다. Fritz의 표현을 빌리면, "자아는 마치 관리자처럼 유기체가 시급한 욕구를 충족시키는 행동을 취하도록 조직하는 기능을 한다."[9]

게슈탈트 접근법에서 언급되는 자기는 자아와 다른 의미를 가진다. Fritz는 "자기는 현재 활동 중인 접촉경계이다. 자기의 활동으로 인해 전경과 배경이 형성된다"라고 했다.[10] 자기의 의미를 명확히 하기 위해 예를 하나 들어보기로 하자. 나는 여기에 앉아 이 책을 쓰고 있다. 지금 내가 쓰고 있는 것에 깊이 몰두하고 있다. 마치 세상에는 나와 원고, 컴퓨터 이외에는 아무것도 없는 것처럼 여겨질 정도이다. 그러다 갑자기 의자에서 벌떡 일어나 미처 생각할 겨를도 없이 다른 방으로 달려 나간다. 옆방에서 들린 내 딸아이의 비명소리에 그런 즉각적인 반응이 일어난 것이다. 이것이 바로 자기의 활동이다. 자기는 언제나 접촉경계에 머무르고 있으며, 그것이 활동 중이라는 것을 의식할 수도, 의식하지 못할 수도 있다. Fritz는 '자기는 삶의 예술가이다. 자기는 유기체와 환경의 상호작용을 구성하는 하나의 요

---

9) Frederick Perls, *Ego, Hunger, and Aggression* (San Francisco : Orbit Graphic Arts, 1966), p. 146.

10) Perls, *Gestalt Therapy*, p. 235.

소에 불과하지만, 우리가 성장하는 데 결정적인 역할을 한다"고 하였다.[11]

위의 예시에 따르면, 내가 이 책을 쓰고 있는 것은 자아가 기능하고 있기 때문이다. 나의 자아가 나의 행동과 생각을 조직하여 지금 독자들이 읽고 있는 문장들을 쓰도록 하는 것이다. 이것은 매우 복잡한 과정이다. 이를 위해서는 경험의 내부영역과 외부영역이 조화를 이루고 있어야 하며, 내부영역에서 주의 깊은 처리가 이루어져야 한다. 또한 자아는 내가 하고 있는 일에 대한 동기를 제공해 준다. 나의 일에 긍정적인 가치를 부여해주며, 한 발 물러나 돌아봤을 때 만족과 기쁨을 느끼게 해준다. 그러나 나의 일부분은 책을 쓰는 작업과 완전히 분리되어 있으며, 자아의 즉각적인 관심보다 우선하여 작용한다. 딸아이의 비명소리가 들렸을 때의 나의 행동이 바로 그것이다. 이것이 자기이다. 당장 몰입하고 있던 일들을 중단하는 것이 '나'인 것이다. 나는 자기이다.

게슈탈트 접근법의 관점에 따르면 심리적 건강은 자기와의 동일시에서 비롯되고 병은 자기를 소외시키는 것에서 비롯된다. 자기와의 동일시는 자연히 창조적인 흥분을 동반하게 된다. 반면에 자아와의 동일시는 자발성과 흥분을 잃게 만든다. 이 장에서 살펴본 게임, 기법, 자원들은 모두 하나의 목표를 지향한다. 즉 '생각하고 지각하고 느끼며 행동하는 것이 바로 나라는 느낌이 저절로 살아나는 그 순간까지' 실험과 의도적인 알아차림을 통해 자아를 훈련하는 것이다. 이 순간에 비로소 내담자는 건강을 되찾을 수 있다.[12]

이러한 순간에 이르렀을 때, 유기체의 자기조절(organistic self-regulation) 상태에 도달했다고 할 수 있다. 삶이란 각각의 떠오르는 게슈탈트를 자연

---

11) Ibid.
12) Ibid.

스럽게 완결시켜 가는 과정이다. 이론상으로는 이 지점에서 자아는 더 이상 존재할 필요가 없게 된다. 자아의 초월이 이루어졌기 때문이다. 이것이 이 책의 1장에서 언급한 초개인적인 경험이다. 초개인적인 경험은 기독교적 관점에서 이야기하는 영적 성장의 중심이 되는 개념이며, 인간의 잠재력 속에 존재하는 영적 경험이다. 이것이야말로 자아의 기능을 배제하고 인간과 참된 자기와의 통합이 이루어지는 경험, 즉 신과의 일체감인 것이다.

그러나 세상을 살아가기 위해서는 언제나 그런 절정 경험만을 하고 있을 수는 없다. 우리는 땅에 두 발을 붙이고 살아가는 인간이다. 존재의 경계를 분명히 하고 환경과 적절한 접촉을 하기 위해서는 건강한 자아의 기능이 필요하다. 문제는 자아의 기능을 유지할 필요가 있는가의 여부가 아니라, 어떻게 하면 건강한 방식으로 자아를 유지할 수 있는가이다. 이 말은 자기가 자아에 예속되는 것이 아니라, 자아가 자기의 충실한 하인이 되어야 한다는 것을 의미한다. 자아가 자기를 지배하게 되었을 때 보여주는 가장 큰 특징은 병들고 파괴적인 오만함이다.

제4장

✳ 옛날 옛적에

앞의 세 장을 쓰면서 나는 다소 지친 듯하다. 이는 3장까지 딱딱한 내용을 너무 많이 다루었기 때문인 듯싶다. 독자들에게 게슈탈트 접근법이 무엇인가를 조금이라도 전달할 수 있었는지 아니면 오히려 독자를 더 혼란스럽게 만들었을 뿐인지 모르겠다.

모든 이론은 간결한 용어로 진술될 수 있어야 한다는 Fritz의 말을 회상하면서, 세 살바기 딸아이가 요술 성벽(The Magic Wall)[1]이라는 오스트리아의 옛날 이야기책을 도서관에서 빌려왔을 때를 떠올렸다. 이 이야기는 삶에 관한 중요한 메시지를 전해준다. 본 장에서는 요술 성벽 이야기를 바탕으로 게슈탈트 접근법에 관해 간결하게 진술하고자 한다. 요술 성벽 이야기는 '옛날 옛적에'라는 흔한 문구로 시작되는 옛날 이야기이지만, 독자로 하여금 '지금 여기에서의 알아차림 속에' 이야기를 경험하게 한다.

옛날 옛적에, 프레드릭왕은 가족과 함께 성에 살고 있었다. 왕의 성은

---

1) Judy Varga, *The Magic Wall* (New York : Wm. B. Morrow and Co., 1970).

활기가 넘쳤다. 그의 성은 성을 둘러싸고 있는 성벽도 없고 해자(垓字)도 없다는 점에서 다른 성과 달랐다. 왕과 그의 가족들은 (오리, 고양이, 개들도) 마을 사람들과 자유롭게 어울렸고, 삶은 유쾌하고 만족스러웠다. 심지어 여왕이 신선한 야채가 비싼 것에 대해 마을 상인들과 자유롭게 논쟁을 할 정도였다.

달리 말하면, 삶은 자연스러운 리듬에 맞춰 흘러가고 있다. 우리는 이러한 삶이 어떠한 것인가를 이해할 수 있으며, 이것이야말로 우리가 바라는 삶이라고 할 수 있다.

그러던 어느 날 이웃나라의 베르트람왕이 철렁거리는 갑옷을 입고 병사들을 거느리고 마을에 찾아왔다. 베르트람왕은 프레드릭왕이 너무나도 왕답지 못한 삶을 살고 있다고 하며, 왕이 어떻게 살아야 하는지를 보여주겠다고 말했다. 프레드릭왕은 자신의 삶에 만족하고 있었지만, 이웃나라 왕을 화나게 하고 싶지 않았기 때문에 그의 제안에 따랐다.

우리는 분명 그의 결정에 공감할 수 있다. 별로 하고 싶지 않은 일이라 하더라도, 다른 누군가를 화나게 하고 싶지 않을 때 그 일을 하지 않을 사람이 있겠는가? 나는 분명히 할 것이다.

베르트람왕의 성은 요새처럼 견고했으며 병사들이 성을 지켰다. 왕의 허락 없이는 그 누구도 성안으로 들어갈 수 없었고, 마을 사람들은 왕을 두려워했다. 깊은 해자가 성을 둘러싸고 있었는데, 그로 인해 성은 더욱 고립된 듯이 보였으며, 성 안에서의 생활은 엄격하게 통제되었다. 베르트람왕은 프레드릭왕도 자신과 똑같이 해야 한다고 주장했다. 그리하여 프레드릭왕은 베르트람왕을 동행하여 성으로 돌아와 베르트람왕의 충고대로 했다. 마을 사람들은 성벽 둘레에 해자를 만들기 위한 노역에 동원되었고, 무장한 병사들이 성벽 위에 배치되었다. 프레드릭왕의 성이 굳건하고 안전해 보이게 되자, 베르트람왕은 기뻐하며 자신의 성으로 돌아갔다.

정말로 모든 것이 나아진 것처럼 보였다. 무엇보다도 베르트람왕이 진짜 왕처럼 살아갈 테니까 말이다.

그러나 프레드릭왕과 그의 가족들에게는 새로운 삶이 전혀 편안하지 않았다. 한 가지 예로, 마을 사람들은 성을 둘러싸고 있는 그 높은 성벽 안에서 무슨 일이 일어나고 있는지를 점점 의심스러워했다. 왕실 아이들은 성 안의 어두운 정원에 침울하게 앉아 있었다. 성을 지키던 병사들은 서로 싸웠다. 심지어 개와 고양이들조차 불행해 보였고, 왕비도 더 이상 음식 값을 놓고 상인들과 언쟁하기 위해 마을에 나가지 않았다. 프레드릭왕은 점점 우울해졌고, 어떻게 모든 일들이 이렇게 되어버렸는지를 의아해했다. 그리고 이내 성벽은 적의 침입을 막아주기도 하지만, 친구들도 들어오지 못하게 한다는 것을 알게 되었다. 심지어 왕실의 고양이와 개들조차 친구들을 만나기 위해서는 성벽을 뛰어넘는 수고를 해야 했다. 전에는 행복으로 가득했던 성이 이제는 불행으로 가득 찬 곳이 되었다. 이러한 삶의 모습을 현대의 용어로 표현하자면, 신경증적 삶이라고 할 수 있을 것이다.

프레드릭왕은 이리저리 서성이고 의아해하며 생각에 잠겼다. 어떻게 하면 왕은 자신이 처해있는 혼란 속에서 벗어날 수 있을까? 이 모든 일들은 왜 일어난 것일까? 그는 이러한 일들이 일어나길 바란 적이 없었다. 이 모든 일들은 왜 일어난 것일까? 그러나 초조하게 서성이며 '왜'라는 질문의 답을 찾으려던 노력은 아무런 소용이 없었다. 왕은 미궁에 빠진 기분이었다.

만약 이야기가 여기에서 끝난다면, 이것은 분명히 '비극적인 결말의 이야기'가 될 것이다. 그러나 프레드릭왕은 마침내 상황을 타개하기 위한 일을 시작했다. 왕은 곡괭이를 들고 성벽을 부수기 시작했다. 곧 다른 사람들도 왕을 돕기 시작했다. 머지않아 성벽과 성채는 없어지고, 해자는 성벽을 부순 파편들로 메워졌으며 성은 예전의 모습으로 돌아왔다. 왕비는 다시 마을에서 비싼 야채 가격에 대해 불평했고, 왕실의 개와 고양이들은 마을에서 친구들과 함께 뛰놀았으며, 즐거움과 행복이 온 사방에 가득했다.

그러나 그것도 잠시뿐 마침내 악당이 돌아왔다! 베르트람왕은 이웃나라의 왕이 무방비 상태로 있을 만큼 멍청하다면, 그의 성을 빼앗아버리겠다고 결심했다. 드디어 베르트람왕은 철렁거리는 갑옷을 입고 병사들을 거느리고 와 성을 공격했다!

그러나 프레드릭왕은 '요술 성벽'이 있기 때문에 성을 빼앗기는 일은 없을 것이라고 말했다. 성을 공격하기 시작했을 때, 베르트람왕은 그의 말이 무슨 뜻인지를 이해하게 되었다. 마을 사람들이 프레드릭왕의 성을 둘러싸고 살아있는 벽을 만들었고, 산 꼭대기의 염소지기들은 지금이라도 당장 베르트람왕의 병사들을 향해 바위를 굴려 떨어뜨릴 준비가 되어있던 것이다. 베르트람왕은 당혹스러워하며, 그리고 한편으로는 부러워하며 후퇴하지 않을 수 없었다.

삶은 다시 정상으로 돌아갔고, 성과 마을에서는 생명력 넘치는 삶이 자연스럽고 자발적인 리듬 속에 계속되었다. 이것이 바로 인간적인 인간의 삶이다. 사람들은 (개, 고양이, 거위, 오리들 조차) 생명력 넘치는 알아차림을 통한 만남을 이룬 것이다.

요술 성벽 이야기를 통한 게슈탈트 접근법의 이해

여기에서는 앞서 제시한 요술 성벽 이야기를 배경으로 삼아 게슈탈트 접근법이라고 하는 전경을 생생하게 부각시켜 보고자 한다. 요술 성벽 이야기에서 가장 눈에 띄는 것은 우리가 프레드릭왕의 자연스럽고 자발적인 삶의 방식에 매우 쉽게 공명할 수 있다는 것이다. 그의 삶은 유기체적 자기조절의 상태에 도달해 있다고 말해도 무방할 것이다.

이야기가 전개됨에 따라 자연스럽던 삶의 흐름이 갑자기 나빠지고 신경증적인 삶이 지배하게 되는 것을 볼 수 있었다. 누구도 이런 상황이 발생하기를 바라지 않았지만 이러한 상황은 끝내 일어나고야 말았다. 우리는 갈등 없이 자연스럽고 만족스러운 삶을 살기 원하지만, 어찌된 일인지 삶이 언제나 그렇게 마음대로 되는 것은 아니다. 때로는 삶이 마치 혼돈으로 가득 차 있는 것처럼 보이기도 한다. 삶이 혼돈으로 가득 차게 되면, 우리는 그것을 자기 탓이 아니라 다른 사람의 탓으로 돌리곤 한다. 삶을 이렇게 만드는 것은 과연 무엇인가?

프레드릭왕의 사례를 통해 건강하지 못한 융합이 만들어낸 결과를 확인할 수 있었다. 프레드릭왕은 너무 순진했다. 그는 모든 사람들을 만족시키고자 했다. 그는 다른 사람들이 자신에게 원하는 것이 최선의 것임에 틀림없다고 생각했다. 프레드릭왕에게는 경계(boundaries)라고 하는 개념이 없었던 것이다. 그는 자신의 욕구를 다른 사람들의 욕구로부터 분리해내지 못했다. 그래서 왕은 "싫소"라고 말할 수가 없었던 것이다. 그는 건강하지 못한 융합 상태에 있었고, 건강하게 기능하는 것을 방해하는 장애물을 극복할 수 있기까지 그의 앞에는 힘겨운 싸움이 놓여 있었다. 성벽은 점점 높아지고 삶의 자연스러운 리듬이 깨지고 말았다.

여기에는 대단히 건강하지 못한 내사도 나타나고 있다. 프레드릭왕은 왕답게 사는 것의 의미에 관하여 다른 사람의 관점을 마치 자기 것처럼 받아들이고, 그에 맞추어 행동했다. 아주 불행한 결과를 초래하면서 말이다! 베르트람왕의 관점은 프레드릭왕의 삶에는 전혀 맞지 않았다. 그럼에도 프레드릭왕은 남의 관점을 통째로 받아들이고 무조건 따랐다. 이것은 비닐봉지에 든 샌드위치를 먹는 것과 같다고 할 수 있다.

뿐만 아니라, 프레드릭왕이 적지않게 투사를 하고 있었음을 추측할 수 있다. 아담이 원죄의 책임을 이브에게 투사하고 이브가 그 책임을 뱀에게 투사했던 것과 같이, 프레드릭왕 역시 베르트람왕에게 책임을 투사했다고 생각해 볼 수 있다. 그는 자신이 처한 모든 불행의 원인이 베르트람왕이라고 여겼다. 베르트람왕이 자신으로 하여금 모든 것을 하도록 만들었다고 생각한 것이다.

프레드릭왕은 옥좌에 앉아 고민하면서 점점 우울한 기분에 빠져들었다. 적절한 방식으로 베르트람왕에게 표출해야 할 분노를 자기 자신에게 반전시킨 결과 심한 자기연민과 우울을 경험했을 것이라고 추측할 수 있다.

프레드릭왕은 우리가 쉽게 자신과 동일시할 수 있는 인물이다. 베르트람왕의 방문 이후, 프레드릭왕은 자신에게 맞지 않는 규칙에 따라 흘러가는 삶 속에 갇힌 것 같은 기분을 느꼈다. 삶에서 즐거움은 고갈되고, 문자 그대로 가슴이 아팠다. 아마도 프레드릭왕은 가슴의 두근거림 때문에 주치의에게 진찰을 받았을 것이며 고혈압 증상도 보였을 것이다.

곤경에 처한 프레드릭왕의 모습은 부자연스러운 역할에 사로잡혀 어찌할 바를 몰라 하는 우리의 모습과 닮아 있다. 프레드릭왕은 상황을 타개하기 위해 무엇인가를 하고자 했지만 아무것도 하지 못했다. 그는 자신이 누구인가조차 알 수 없게 될 만큼 혼란스러웠다. 본연의 자신이 되기 위한 어설픈 시도를 하기도 했지만, 이내 곧 용기를 잃고 스스로도 본연의 자신이 아니라고 느끼는 모습으로 되돌아가고 말았다. 그는 '왜' 이 모든 일들이 일어나게 되었는지를 끊임없이 자문했지만, 점점 더 복잡한 미궁 속으로 빠져들 뿐이었다. 그의 노력은 매우 비효율적이었다고 할 수 있다.

그의 신하들 역시 어찌할 바를 모르고 당황하게 되었음은 물론이다. 신하들은 황량한 성벽과 높은 성채들을 바라보며 중얼거렸다. "왕은 도대체 무슨 생각을 하고 있는 것인가?"[2]

성벽이 굳게 둘러싸고 있는 것은 성채가 아니라 프레드릭왕이라는 생각이 든다. 그는 옥좌의 둘레에 '담을 두르고' 있었다. 아마도 그는 심한 불안 상태에 있었을 것이다. 그는 둘러친 담 안을 이리저리 걸었지만 결국 어디에도 갈 수 없었다. 게슈탈트 접근법에서는 이러한 상태를 교착 상태(impasse)라고 부른다. 교착 상태의 특징 중의 한 가지는 내파(implosion)이다. 내파는 에너지가 내부로, 즉 자신에게로 향하게 되고, 그 결과 우울증과 같은 증상을 보이는 것을 의미한다. **공포증적 행동**(phobic behavior) 역시 교착 상태에서 나타나는 또다른 특징이다. 역설적이기는 하지만, 우리는 무엇을 해야 할지를 알면서도 하지 않는 경우가 있다. 프레드릭왕도 역시 어떤 조치를 취해야 할지 알면서도 머릿속으로만 생각할 뿐 (머릿속의 컴퓨터를 작동시킬 뿐) 실천에 옮기지 않았다.

교착 상태는 위험한 순간이다. 이 상태에서는 진실한 삶이 존재하지 않는 것과 다름없으며, 생명력 넘치는 알아차림과 접촉할 수도 없다. 심각하게 자살을 고려하게 될지도 모른다. 자기표현의 시도도 적절한 방식으로 이루어지지 않는다. 교착 상태에 처한 사람은 범죄행위를 정당화하려고 할 수도 있으며, 신경증적 행동을 보이기도 한다.

전통적인 상담방법은 교착 상태에 처한 내담자들에게 그다지 도움이 되지 않았다. 내담자가 자신의 책임을 인정하고 자신의 행동을 바꾸는 것을 적극적으로 도와주지는 못한 채 내담자의 행동에 대한 해석을 제시하는 것에 그쳤기 때문이다. 행동에 대한 해석을 제시하는 것은 행동을 바꾸는 것

---

2) Ibid., p. 10.

보다 쉽다. 인간에게는 쉬운 길을 선택하려고 하는 경향이 있다. 내일 해야 할 일에 관해 이야기하는 것은 실제로 행동을 취하고 책임을 지는 것보다 훨씬 쉽다.

프레드릭왕은 어떻게 신경증적인 삶에서 탈출하였을까? 매우 간단하다. "그는 곡괭이를 들고 밖으로 박차고 나갔다."3) 그리고, 스스로가 해야 한다고 생각하는 일들을 했을 뿐이다. 그리하여 미해결된 게슈탈트가 완결되도록 한 것이다.

성과 마을에 자연스러운 삶의 리듬이 되돌아 왔음은 두말할 나위도 없다. 성벽을 부수고, 프레드릭왕은 베르트람왕과 정면으로 대결하였다. 그는 본래의 자신이 가진 힘으로 맞섰으며, 그것만으로 충분했다. 이제 프레드릭왕은 무방비 상태가 아니다. 삶이 그에게 보내준 것들을 소중히 여기고 삶과 효율적으로 교류할 수 있게 되었다. 이제 그는 요술 성벽을 가지고 있다. 새로운 힘과 자발성도 가지고 있다. 이제야 그는 인간적인 인간이 된 것이다. 그의 삶은 진정으로 만족스러우며 역동적인 리듬을 회복하였다. 그는 자신의 영혼과 접촉하고 있다.

프레드릭왕이 경험한 진실을 향한 노정은 삶의 자연스러운 과정이다. 그러나 인간에게는 이러한 자연스러운 과정을 스스로 방해하는 경향이 있다. 게슈탈트 접근법은 어떻게 이 과정이 순조롭게 진행되도록 도울 수 있을까? 어떤 게슈탈트 기법과 자원을 사용할 수 있을까?

한편 성에서는

이러한 질문에 대답하기 위해 프레드릭왕이 자신의 성에 갇혀있는 장면으

---

3) Ibid., p. 16.

로 되돌아가 보자. 그는 옥좌에 앉아 안절부절하며 우울함에 빠져있다.

그는 이리저리 생각을 굴리며 이런 상황을 타개하려고 노력했다. 그는 혼잣말을 하듯이 중얼거렸다. "나는 베르트람왕을 화나게 하고 싶지 않아." "어쩌면 이것은 모두 나의 잘못일지도 몰라. 좀 더 용기를 내야 했어." "나는 지금보다 더 훌륭한 왕이 되어야만 해." "모든 것이 나한테는 너무 버거워." "차라리 높은 탑에서 뛰어내리는 것이 나을지도 몰라."

프레드릭왕은 실로 매우 불행한 사람이다. 만인의 사랑을 받는 왕에서 자기만의 생각과 상상 속에 갇힌 고립된 인간으로 전락한 왕의 처지는 살아있다기보다는 죽은 것에 가까웠다. 그는 막다른 골목(교착 상태)에 다다른 것이다.

게슈탈트 치료자가 성직자 혹은 광대로 가장하여 왕에게 접근한다고 가정해 보자. 왕을 돕기 위해 무엇을 해야 할까? 왕이 교착 상태를 타개해 나아가도록 하려면 무엇을 해야 하는 것일까? 3장에서 살펴본 게슈탈트 게임과 자원들을 어떻게 활용할 수 있는지 살펴보자.

게슈탈트 치료자는 왕이 '왜' 그러한 곤경에 처하게 되었는지를 설명하려고 하지 않았을 것이다. 그 대신 '무엇이' '어떻게' 일어났는가에 중점을 두었을 것이다.

광대나 성직자가 다루기에는 쉽지 않은 상황이었을 테지만, 다음과 같은 말을 했을 것이다. "폐하, 지금 기분이 어떠신지요? 머리가 꽉 조이는 것 같습니까? 폐하 스스로 폐하의 머리를 조이고 계신 것은 아니십니까? 폐하께서 스스로 머리를 조이고 계신 것과 똑같은 식으로 비틀어 버리고 싶은 사람은 누구입니까? 성벽이 세워진 것은 정말로 베르트람왕의 책임인가요? 성벽이 세워진 것에 대한 폐하의 책임을 인정할 수 있으십니까? '내가 성 주위에 벽을 세우라고 시켰다. 성벽에 대한 책임은 나에게 있다'라고 말씀해 보십시오. 그 말을 자꾸자꾸 점점 더 크게 말해보십시오! 폐하가 말씀하고 계신 것이 폐하의 귀에 들리십니까?"

"베르트람왕을 맞은 편 의자에 앉히십시오. 폐하께서 베르트람왕에게 정말로 하고 싶은 말씀은 무엇입니까? 폐하께서 베르트람왕에게 정말로 하고 싶은 것은 무엇입니까? 주저하지 말고 하고 싶은 것을 하십시오. 잘 하셨습니다. 다시 점점 더 세게 그를 때리십시오. 이제 폐하께서 정말로 원하는 것은 무엇입니까?"

프레드릭왕이 좀 더 자발적으로 행동하도록 도와 자연스러운 삶의 리듬을 회복하도록 하는 것이 분명히 쉬운 일은 아니다. 이론상으로는 언제라도 가능한 일이지만, 그가 가진 왕이라는 무거운 역할, 극심한 마음의 혼란과 우울을 다루기 위해서는 상당한 양의 게슈탈트 작업을 해야 한다. "그 성벽이 세워진 것에 대한 책임은 나에게 있다"라고 말하는 것은 어려운 일이 아니다. 하지만 왕이 자기의 책임을 인정하겠는가? 왕이 가지고 있는 또다른 미해결 과제는 무엇인가? 누가 프레드릭왕에게 다른 나라의 왕이 하는 말을 따라야 한다고 하였는가? 그 사람을 의자에 앉혀 보라. 대화를 시켜보라. 그렇지 않으면, 자신이 정말로 되고 싶은 왕의 모습에 대한 환상을 탐험하게 하라. 그리고 정말로 하고 싶은 일이 무엇인가를 탐험하게 하라. 이 외에도 이제까지 꾸었던 영문 모를 꿈들이 의미하는 바를 탐험하게 끔 꿈 작업을 실시해 볼 수도 있다.

프레드릭왕이 거의 포기하려고 했던 때도 있었을 것이라고 상상할 수 있다. 그러나 만약 그가 기꺼이 견뎌내고 게슈탈트 치료자를 참수형에 처하는 것을 자제한다면, 느리고 고통스러운 과정이기는 하겠지만 자신이 누구인지 그리고 자신이 원하는 것이 무엇인지를 알아차리기 시작할 것이다. 이러한 과정을 통해 왕은 건강하지 못한 융합을 제거할 수 있을 것이다. '왕은 ~해야 한다'는 식의 생각을 버리면서 본연의 자기가 되는 것을 방해하던 내사를 제거하게 될 것이다. '베르트람왕이 나에게 성벽을 세우게 했다'와 같은 식의 사고방식들을 직면할 때에, 투사를 인정하고 자신의 행동에 대해 책임질 수 있게 될 것이다. 분노를 베르트람왕에게 표출하지 못하고 스스로에게 돌리고 있다는 사실을 알아차릴 때에 자신을 파괴하다시피 했던 반전을 제거할 수 있게 될 것이다.

이렇게 하여 융합은 접촉으로, 내사는 개체성으로, 투사는 책임자각으로 전환된다. 반전은 뒤집혀 에너지의 흐름이 밖을 향하게 되고 자발적이고 적극적인 행동을 취하게 된다.

이제 프레드릭왕은 게슈탈트 접근법에서 폭발(explosion) 단계라고 불리는 단계에 이르렀다. "그는 곡괭이를 들고 밖으로 박차고 나갔다."[4] 그는 말 그대로 다시 살아난 것이다. 그는 자신의 영혼과 삶에 접촉하고 있다. 그의 활력은 주위의 사람들까지 활기 넘치게 했다. 비극은 이제 더 이상 비극이 아니다! 그는 이제 생명력 넘치는 알아차림을 통해 삶과의 접촉을 유지하고 있다.

게슈탈트 접근법에서는 인간이 자발성과 진실한 자기표현을 지향한다고 본다. 이것이 가능해질 때 게슈탈트의 진정한 완결이 이루어진다. 프레드릭왕을 괴롭히던 마음의 혼란, 자기만의 생각과 환상 속에 갇힌 상태, 사람들로부터의 소외는 드디어 자발적인 자기표현으로 전환되었고 행복한 결말을 맞이하였다.

성장을 하는 것은 쉬운 일이 아니다. 그것은 고통에 가까운 심한 갈등을 수반하기도 한다. 이것이 우리가 다음 장에서 살펴볼 주제이다.

---

4) Ibid.

제5장

✳ 게슈탈트 체험하기

지난 장에서는 옛날 이야기를 통해 게슈탈트 접근법의 대략을 개관해 보았다. 이번 장에서는 좀 더 구체적인 내용을 다룰 것이다. 본서는 목회상담에 관한 책이므로 목회자에게 필요한 내용을 중점적으로 다루고자 한다. 게슈탈트 접근법을 사용하고자 하는 목회자는 반드시 게슈탈트 접근법을 몸소 체험해 보아야 한다. 게슈탈트 접근법이라는 약을 사람들에게 처방하기 전에 먼저 그 약의 맛을 스스로 느껴보아야 하는 것이다.

알아차림

이미 언급했지만, 게슈탈트 접근법의 특징은 참신함과 독창성이다. 게슈탈트 접근법에는 언제나 흥분이 함께 한다. 목회상담을 공부하고자 하는 사람은 자기 자신에 대한 새로운 발견의 흥분을 느껴보아야 한다. 이 흥분이야말로 성장을 알리는 신호이다.

Fritz는 세상을 떠나기 바로 직전인 1969년 *Gestalt Therapy*의 개정판에 다음과 같은 저자 노트를 적었다. "나는 신경증이 병이라고 생각하지 않는다. 신경증은 성장이 지체될 때에 나타나는 여러 증상들 중의 한 가지이다."[1] Fritz의 관점에 따르면, 질병이라고 불리는 심각한 성격상의 문제의 핵심에 있는 것은 성장이 부족한 상태 또는 성장을 거부하는 태도라고 할 수 있다. 성장이 정상적으로 진행되지 않을 때, 인간은 자기파괴적인 망가진 삶의 패턴을 끊임없이 만들어 내며 왜곡된 삶을 살아가게 된다.

자연스러운 성장은 환경과 유기체 사이에 자연스러운 상호작용이 이루어질 때 성취될 수 있다. 게슈탈트 접근법은 별 다른 것이 아니다. 그것은 '삶-인간의 사고, 행동, 감정-에 대한 참신하고, 왜곡되지 않고, 자연스러운 접근법'이다.[2] 유기체는 필요한 것을 환경으로부터 자연스럽게 취한다. 이것은 접촉, 감각, 흥분을 거치며 게슈탈트가 자연스럽게 형성되는 과정을 통해 이루어진다. 알아차림은 이러한 과정의 중심에 자리잡고 있으며, 어떤 의미에서는 과정 그 자체라고도 할 수 있다. 이러한 까닭에 게슈탈트 접근법에서 초점을 맞추는 것은 무의식이 아니라 의식이며, 알 수 없는 것이 아니라 알 수 있는 것이고, 그때 거기에서가 아니라 지금 여기에서이다.

무엇과 접촉하고 있는가? 알아차림을 성취하기 위해 어떤 감각기관을 사용하는가? 알아차림을 어떻게 감지하는가? 흥분을 어떻게 경험하는가? 삶이 자연스럽게 흘러가도록 허락할 때에 우리는 건강한 삶과 성장을 이룰 수 있다. 정체와 억압은 미완결된 게슈탈트들의 산물이다.

왜 인간은 총체적이고 자연스럽게 기능하지 못하는 것인가? 게슈탈트 접

---

1) Frederick Perls, Ralph Hefferline, and Paul Goodman, *Gestalt Therapy: Excitement and Growth in the Human Personality* (New York: Dell, 1951), p. 235.
2) Ibid.

근법에 따르면, 이것은 인간이 자신의 감각을 차단하기 때문이다. 감각은 알아차림이 일어나기 위한 통로이다.

게슈탈트 실험

게슈탈트 목회상담을 가르치면서 *Gestalt Therapy*에 제시된 실험들을 실시하는 것이 매우 도움이 된다는 것을 알았다.[3] 게슈탈트 실험이란, 과학에서 이야기하는 엄격한 의미의 실험이 아니라, 무엇인가를 시도하는 것을 의미한다. 실험이 초점을 맞추고 있는 것은 인간이 어떻게 환경과 접촉하는가이다. 어떻게 하면 알아차림을 날카롭게 할 수 있을까? 어떻게 하면 융합을 접촉으로 바꾸고, 투사를 자기 것으로 받아들이며, 내사를 제거하고, 반전을 수정할 수 있을까?

여러 상황들을 연출해 봄으로써 자신이 무엇을 어떻게 하고 있는지에 관해 많은 것을 배울 수 있다.

정말 느껴보기

저자가 목회자들에게 많이 사용한 실험 중에 **정말 느껴보기**(feeling the actual)라는 것이 있다. 우선 집단원들에게 종이와 연필을 나누어 주고, "지금 여기에서 나는 …"으로 시작하는 문장을 쓰도록 한다. 집단원들 모두가 문장 쓰기를 중단할 때까지 계속한다. 이 작업에는 일반적으로 5분에서 10분 정도가 소요된다. 집단원들이 적은 것을 발표하게 한다. 만일 발표하기를 거부하는 집단원이 있다면, 그 이유를 설명하도록 요구한다.

---

3) Ibid.

첫 번째 발표의 결과는 언제나 흥미로우며 개체가 환경과 접촉하는 유형에 관해 많은 것을 알려준다. 방에 있는 물건들에만 주목하는 사람도 있고, 방에 있는 사람들에 관해서는 많은 것을 이야기하지만 자기가 앉아있는 의자의 존재조차 잊고 있는 사람도 있다. 때로는 몸의 감각만을 기술하는 사람도 있다.

발표가 끝난 후 실험의 의의에 관해 집단토의를 함으로써 알아차림의 대략적인 패턴을 살펴본다. 무엇을 알아차렸으며 무엇을 알아차리지 못했는가? 집단원들 중에는 자신의 몸의 감각을 의식하지 못하고 오직 머릿속에서만 살고 있는 사람도 있다. 집단원들의 알아차림에 대해 어떠한 가치판단도 해서는 안 됨은 물론이다. 실험의 목적은 자신이 사용하고 있는 알아차림의 통로가 무엇이며, 사용하고 있지 않은 알아차림의 통로는 무엇인가를 목회자들이 깨닫도록 돕는 것에 국한되기 때문이다. 사람들과 제대로 접촉하기 위한 전제조건은 감각을 통한 알아차림을 최대한 활용하는 능력이기 때문에 환경과의 접촉이 중요한 것이다.

게슈탈트 집단을 통해 자기 자신에 관해 많은 것을 깨닫게 되면서, 수많은 게슈탈트와 알아차림을 접하고 놀라움을 금치 못하는 사람이 많다.

집단원들에게 방금 전에 문장을 쓰는 것을 멈추지 않았다면 썼을지도 모를 문장의 내용이 무엇인지에 관해 생각해 보도록 요구할 수도 있다. 이 질문에 대해 심각하게 고민해 본다면, 회피의 전형적인 패턴에 대해 보다 명확한 알아차림을 얻을 수 있을 것이다.

어떤 목회자는 잠시라도 '지금 여기에서'에 초점을 맞추는 것을 불편해했다. '지금 여기에서'에 초점을 맞추자 자신이 '항상 불편한 상태'−고통의 상태−에 있는 것을 알아차렸기 때문이다. 또 어떤 목회자는 '지금 여기에서'를 갑자기 중단하였다. 자신의 신체에 대한 알아차림이 생기자 구토를 느꼈기 때문이다. 이 외에도 또 어떤 목회자는 해결되지 않은 개인적 문제에 대한 알아차림이 생기자 갑자기 '지금 여기에서'를 중단하기도 하였다.

이 실험은 알아차림으로 인도하는 첫 단계의 역할을 한다. 회기가 끝나기 전에 다시 한 번 "지금 여기에서 나는 …"으로 시작하는 문장을 써 보도록 하면 간단한 연습이었음에도 불구하고 처음의 문장과 엄청난 차이가 있는 것을 발견하게 될 것이다.

감각을 통한 알아차림을 개발함으로써 얻을 수 있는 결과 중 한 가지는 대인관계를 보다 윤택하게 하는 것이다. 예를 들어 어떤 집단원이 자기 앞에 놓여 있는 테이블에 대한 깊은 알아차림 – 테이블의 모양, 무늬, 독특한 특성 – 을 얻었다고 하자. 이 순간부터 갑자기 테이블의 맞은 편에 앉아있는 사람의 독특한 특성을 알아차리게 되었다. 그 후부터 그 사람과 진실한 관계를 맺을 가능성에 대한 새로운 알아차림이 나타났다. 타인을 그들 본연의 독특한 총체로 파악할 수 있을 때 자기 자신을 보다 명확하게 볼 수 있게 된다. 그 결과, 자기 자신을 존중하고 자신에 대한 책임을 지는 일이 보다 수월하게 된다. 보다 기꺼이 투사를 자기의 것으로 인정할 수 있으며, 진실한 관계가 발전할 수 있게 된다.

알아차림 유도하기

내사를 가지고 실험을 하던 목회자 집단상담에서 또 한 가지 흥미로운 예를 찾아볼 수 있었다. 알아차림 유도하기(an experiment in directed awareness) 실험의 목적은 외부의 것을 자기 안에 받아들이는 방식 및 건강한 동화의 방법에 대한 알아차림을 고양하는 것이었다.

저자는 목회자들이 내사로 인해 상당한 곤란을 겪고 있는 것을 발견했다. 목회자들은 너무나 빈번하게 믿음에 근거하여 외부의 것을 받아들이고 있었다. 그리고 받아들인 것들이 적절한 것인지 아닌지, 이로운 것인지 아닌지에 대한 고려는 전혀 이루어지지 않았다. 이러한 상황은 외부의 것의 출처가 목회자들이 믿고 있는 종교일 경우에 더욱 심각했다. 본래는 이로운 것임에도 그것을 적절하게 처리하지 못함으로 인해 결국은 해로운 것이 되고 있었다. 어떻게 하면 이러한 목회자들을 보다 커다란 알아차림으로 인도할 수 있을까?

실험을 시작할 때에 집단원들에게 사과를 하나씩 나누어 준다. 그리고 사과를 먹으면서 자기가 어떻게 사과를 먹고 있는지를 세밀하게 관찰하라고 지시한다. 사과를 다 먹고 난 후 각자가 경험한 것에 관해 이야기하게 한다. 다음은 저자가 예전에 진행한 집단회기에 관한 것이다. 한 집단원은 사과를 먹기 좋게 준비하는 데에 상당한 시간을 할애하고 있었다. 반면에 어떤 집단원은 사과를 보자마자 허겁지겁 순식간에 먹어치웠다. 또 어떤 집단원은 천천히 조심스럽게 사과를 씹었다. 사과를 한 입 베어물자마자 사과와의 접촉을 잃어버린 사람이 있는 반면, 어떤 사람은 잘게 씹힌 사과가 목을 넘어가 자신의 일부가 되는 묘한 감각을 의식할 수 있었다고 이야기하였다. 각자가 관찰한 것을 이야기하고 난 후 서로의 알아차림에 참으로 많은 차이가 있음을 알 수 있었다. 몇몇 집단원들은 서로 사과를 바꾸어 가며 한 입씩 먹어보고 각각의 사과가 가진 맛에 대한 새로운 알아차림을 얻었다.

실험이 끝나자 집단원들의 관심은 삶 속에서 다른 것들을 어떻게 자기 안에 받아들이는지에 대한 대화로 자연스럽게 옮겨갔다. 한 목회자는 사과를 먹던 것과 똑같은 식으로 타인의 생각을 받아들인다고 이야기했다. 그는 사과를 크게 한입 베어 문 후 제대로 씹지도 않고 삼키기 때문에 사과가 목을 넘어갈 때 아프다고 했다. 이와 마찬가지로, 그는 타인의 생각을 '소화하기 위해 잠시 멈추어 생각할 겨를도 없이, 문자 그대로 거의 통째로 삼키고 있었다.

어떤 집단원은 사과를 정말 먹고 싶지 않았지만, '이것도 실험의 일부이기 때문에' 사과를 먹어야만 한다는 의무감을 느꼈다고 말했다. 그는 이후 속이 불편해지는 것을 느끼고, 정말로 원하지 않는 것을 받아들이는 일의 위험성에 대한 새로운 알아차림을 얻었다.

무분별하게 외부의 것을 받아들이는 경향을 가진 목회자를 돕기 위해, 그로 하여금 지금 느끼고 있는 감정을 연기해 보도록 하였다. 그는 지금 무엇을 느끼고 있는가? 분노를 느낀다! 그는 분노를 표현할 수 있을까? 아마도 시도는 해볼 것이다. 저자는 그에게 감정을 풀어놓도록 스스로를 허락하라고 이야기했다. 그러자 분노의 감정이 밖으로 흘러나왔다. 이번에는 주먹을 꼭 쥐어보라고 이야기했다. 방금 전 그가 스스로 주먹을 쥐려고 하다가 그만두는 것을 보았기 때문이다. 그는 분노에 찬 목소리로 교회의 윗사람에 관한 이야기를 했다. 지금 느끼고 있는 분노의 감정을 윗사람에게 표현할 수 있겠느냐고 묻자, 그는 주먹으로 탁자를 내리쳤다. 목회자가 입에 담기에는 거북한 거친 말들과 함께 감정이 흘러나왔다. 그가 이러한 말과 행동을 멈추었을 때 그에게 기분이 어떤지를 물었다. 그는 후련하다고 말했다. 그리고 감정을 끌어내어 그것이 내 안에 있었음을 인정할 수 있어서 다행이라고 했다. 그는 이제 자신에 관한 새로운 알아차림을 얻었다. 그는 나중에 털어놓은 이야기를 통해, 지금까지 수동적이지만 공격적인 방식으로 윗사람의 목회 프로그램과 의견을 수없이 방해해 왔음을 깨닫게 되었으며, 이제 그러한 행동들에 대한 책임을 질 준비가 되어 있다고 말했다.

실험이 진행됨에 따라 집단원들에게 실험 실시 요령이 적힌 프린트를 나누어 주고, 나중에 시간이 날 때 실시해 볼 것을 권했다. 놀랍게도 한 침례

교 목사는 집에서 자신의 아내와 아이들과 함께 몇 가지 실험을 해 보았다고 했다. 필요하다면 프라이버시를 철저히 보호받을 수 있는 공간에서 실험을 진행해도 무방하다.

이상의 예들은 인간의 성장을 촉진하기 위해 실험을 사용하는 방법에 관한 힌트를 제공한다. 자신이 환경과 접촉하는 방식-또는 접촉하지 않는 방식-과 환경을 자기 안에 받아들이는 방식에 대한 알아차림이 생길 때에 비로소 더욱 건강한 접촉을 향해 나아갈 준비가 되었다고 할 수 있다. 이러한 접촉은 감각을 최대한 사용할 수 있을 때에 가능하게 된다.

몇몇 목회자들은 실험에 참가하기를 거부하였다. 그들은 감각에는 흥미가 없으며 영적인 것들에만 관심이 있다고 하였다. 게슈탈트 접근법의 관점에서 보면, 이것은 그들이 영성에 대해 오해를 하고 있다는 증거이다. 1장에서도 이야기했지만, 성서의 관점에 따르면 인간은 하나된 육체와 영혼이다. 인간은 둘로 나눌 수 없는 하나 된 존재라는 것이다. 그러므로 육체의 감각을 차단한 채 온전한 인간으로서 존재할 수는 없다. 만일 육체의 감각을 차단한다면 말 그대로 영혼으로부터 자신을 차단시키는 결과가 되고 만다. 감각을 통한 경험을 부정할 때 인간의 영혼은 성장할 수 없다. 오히려 환경과의 접촉에 주의를 기울이고, 자신의 감각과 행동을 인정하는 것이 영적인 성장이라고 힘주어 이야기하고 싶다. 자신의 행동을 살펴보고, 새로운 행동을 시도하며, 자신에 대해 새롭게 발견하는 것이야말로 성장에 이르는 길이라고 생각한다. 영적인 성장은 인간적인 인간이 되기 위한 과정의 일부분이며, 이 과정과 분리될 수 없다.

여기에 제시한 게슈탈트 실험의 예들이 결코 충분하지는 않지만 목회자들에게 조금이나마 도움이 될 것이라고 믿는다.

뜨거운 의자

저자는 종종 목회자들에게 뜨거운 의자를 실시하곤 했다. 뜨거운 의자는 Fritz의 트레이드마크라고 할 수 있는 기법이다. 앞선 장에서도 설명하였듯이, 뜨거운 의자를 실시할 때에는 보통 집단 진행자의 옆에 빈 의자를 하나 두거나 집단원이 둘러앉아 있는 원의 한가운데에 쿠션을 던져놓고 실험에 참여할 자원자를 받는다.

집단원들은 뜨거운 의자 실험에 참여하는 일에 두려움을 느끼는 경우가 많다. 참가할까 말까 하고 망설이고 있는 사람은 대개 내적인 대화를 하고 있다. 마음의 한편은 'yes'라고 말하고 있는 반면, 다른 한편은 'no'라고 외치고 있는 것이다. 이것은 누구나 경험하는 것이며, 환경과의 건강한 접촉으로부터 스스로를 차단하는 대표적인 방식이라고 할 수 있다. Fritz는 이것이 스스로를 고문하는 것이라고 여겼으며, '상전 대 하인(top dog vs. underdog)'이라는 이름으로 불렀다. 상전은 완벽주의자이며, '~해야 한다', '~해서는 안 된다'라는 식의 내사로 가득 차 있다. 하인의 특징은 저항과 조종이라는 단어로 요약될 수 있다. 표면상으로는 상전에게 동의하는 듯하지만, 실제로는 상전이 하려고 하는 일에 훼방을 놓고 있다. 결국 승리하는 것은 대개 하인 쪽이다. 개체는 항상 변화를 시도한다. 그러나 어떻게 된 영문인지, 변화는 결코 일어나지 않는다. 하인은 무슨 일이든지 합리화하려 하며, 새로운 일을 할 때마다 온갖 파국적인 상상을 한다.

뜨거운 의자 실험에 자원할지 망설이고 있는 로마 카톨릭 교회의 Bob 신부의 예를 살펴보도록 하자. Bob 안의 상전이 "나는 정말 이 자리에 나와 눈물과 당당히 직면해야 해"라고 하자, 하인은 '하지만 나는 아직 준비가 덜 된 것 같아. 만약에 내가 울기라도 한다면 사람들이 날 어떻게 생각하겠어? 어른이 되어 가지고 울다니 말이야'라고 말한다. 다시 상전이 "앞에 나가서 우는 게 뭐가 어때"라고 하자, 하인은 "아니야, 이 나이를 먹고도 운다는 건 말도 안 돼"라고 말한다.

이러고 있을 때에 Paul이 뜨거운 의자를 해보겠다고 자원을 하자, Bob은 안심하였다. 이제 Bob은 마음 편하게 있을 수 있다. 그는 성공적으로 자기 자신과의 접촉을 회피하였다. 그러나 안심은 오래가지 않았다. 머릿속에서 상전과 하인 간의 대화가 다시 시작되었기 때문이다. 상전이 말하기를, "와, Paul은 쿠션을 두드리며 자기 안의 분노와 접촉하고 있구나. 감정을 표출하는 것을 망설이지 않는 것 같네. 아직 학생인데 말이야!" 그러자 하인이 "앞에 나아가지도 못하다니 나는 정말 형편없는 놈이구나. 정말 못하겠어"라고 말한다. 상전은 다시 "지금 당장 나아가서 부딪혀 봐야 해"라고 말한다.

Paul이 뜨거운 의자 작업을 끝낸 후, 집단 진행자가 집단원들에게 마음이 편안하게 느껴지는 파트너를 한 명 골라 서로가 회피하고 있는 것에 관해 이야기하라고 하였을 때, Bob은 이제 뜨거운 의자에 앉을 준비가 되어 있었다(적어도 그렇다고 생각했다). 힘들기는 하였지만, Bob은 마침내 자기의 파트너에게 그동안 목에 덩어리가 걸린 것 같은 느낌(a lump in his throat : 울음이 나올 것 같은 느낌의 비유)이 있었으며, 그것은 아마도 자신이 지금껏 회피해 온 눈물인 것 같다고 이야기했다.

잠시 후 뜨거운 의자 작업이 다시 시작되어 자원자를 받기 시작했다. Bob은 이번에야말로 한번 해볼 용기가 생겼다고 생각했다. 파트너에게 눈물을 참고 있는 것 같다고 털어놓았을 때에도 파트너는 아무런 비난도 하지 않았지 않은가? Bob은 무슨 말을 어떻게 해야 할지를 열심히 마음속으로 연습하였다. 그러나 뜨거운 의자에는 이미 다른 사람이 먼저 앉아 있었다. Bob은 조금씩 구토를 느끼기 시작했다.

우여곡절 끝에 Bob은 마침내 뜨거운 의자에 앉았다. '하려고 하기'를 그만두고 실제로 한 것이다. Bob은 자기가 어떻게 하여 뜨거운 의자에 앉게 되었는지 어리둥절했다. 많은 생각들이 뇌리를 스쳐갔다. 무슨 말을 해야할까? 방금 전에 속으로 연습한 말이 무엇이었더라? Bob은 몸이 떨리고 머리가 멍해짐을 느꼈다. 저자는 Bob에게 "무엇을 하고 싶으십니까?"라고 물었다. Bob은 속으로 연습한 말들—말하자면, 대본—을 떠올리며, 목에 걸린 덩어리를 꺼내 놓겠다고 결심했다. 그리고 자리를 바꾸어 그것이 자신에게 이야기를 하게 하겠다고 생각했다. 그것의 정체가 무엇인지, 그것이 자신으로부터 원하는 것이 무엇인지를 말이다. 하지만 아무 말도 나오지 않았다.

저자는 Bob에게 물었다. "지금 당신의 몸에 무엇이 일어나고 있는지 아십니까?" Bob은 갑자기 떨림이 자신의 몸을 엄습해 오는 것을 느꼈으며, 자신의 눈이 눈물로 가득한 것을 깨달았다. Bob은 무엇인가를 말하려고 했으나, 그대로 바닥에 주저앉아 울음을 터뜨리고 말았다. 도저히 멈출 수가 없었다. 한참이 지난 후에 저자가 물었다. "그 덩어리에 이름이 있습니까?" 그러나 밥은 목이 메어 아무 말도 할 수가 없었다. 집단원 중의 한 사람이 Bob의 손에 티슈를 쥐어 주었다. 잠시 후 Bob에게 물었다. "Bob, 지금 무슨 일이 일어나고 있습니까?" Bob은 "제 머리, 이 망할 놈의 컴퓨터"라고 말했다. 저자는 다시 물었다. "그게 어떻게 되었다는 말입니까?" Bob은 "컴퓨터가 항상 돌아가고 있어서 도저히 끄지를 못하겠어요"라고 대답했다. 저자가 Bob의 어깨를 가볍게 두드렸을 때, 무슨 이유에서인지 Bob은 더욱 눈물을 흘리며 울기 시작했다. 눈물이 진정되고 난 후 저자가 물었다. "지금 무슨 일이 일어나고 있습니까?" Bob은 "잘 모르겠어요. 제 안에서 컴퓨터가 돌고 또 돌아서 저의 감정을 차단하는 것 같아요…(침묵)…

그리고 그것이 사람들이 제 몸을 건드리지 못하도록 차단하는 것 같은 느낌도 들어요"라고 대답했다. Bob은 잠시 동안 가만히 앉아 있었다. 저자가 물었다. "지금은 무엇을 원합니까? 여기에 있는 사람들에게 원하는 것은 없나요?" Bob은 집단원들을 한 명씩 돌아보았다. 그리고 마침내 저자를 두 팔로 껴안았다. 이 얼마나 좋은가! Bob은 자기 자신과 보다 많은 접촉을 하게 된 것을 느끼며 자기 자리로 돌아갔다. Bob은 예전처럼 자기 안의 컴퓨터를 돌리지 않아도, '왜'라는 이유를 찾으려 하지 않아도 된다는 것을 느꼈다.

자기 자신에 대한 책임을 짐으로써 Bob은 자기이해와 자기표현을 향한 험난한 여정을 시작한 것이다. Bob이 이날의 경험을 동화하는 데에는―이날의 경험을 소화하는 데에는―좀 더 시간이 필요할 것이다. 잠시동안 그 안의 컴퓨터가 소리를 죽이고 있었기는 하지만 말이다.

다음 회기에서 저자는 집단원들로 하여금 눈을 감고 자신의 몸 안으로 들어가 무엇이 '보이는지'를 경험해 보도록 했다. 그러자 Bob이 놀라운 발견을 하였다. 목에 걸린 덩어리가 다시 돌아와 있던 것이다. 덩어리가 예전처럼 커다란 것은 아니지만, 분명히 목에 걸려 있었다. 아직도 Bob과 해야 할 작업이 많이 남아있는 것이다.

이번에는 Bob이 뜨거운 의자 작업을 하는 것이 전보다는 수월해 보였다. Bob은 상전과 하인 사이의 대화를 무시하고 곧장 뜨거운 의자에 앉았다. Bob은 자신의 모습에 놀랄 따름이었다. Bob은 무엇을 할지를 확실히 알지 못했지만 앞으로 걸어 나와 뜨거운 의자에 앉았다. 이번에는 미리 연습한 대본 같은 것은 가지고 있지 않았다. 저자가 Bob에게 물었다. "지금 무엇을 느끼십니까?(What are you aware of right now?)"

Bob : 목에 덩어리가 걸려있는 것이 느껴져요. 오래전부터 그랬어요. 이걸 좀 다루어 보고 싶어요.

저자 : 목에 걸린 덩어리에 관해 작업을 할 필요가 있는 것 같다는 말씀이십니까?

Bob : 예, 정말로 그걸 다루고 싶어요. 그 덩어리가 아주 지겨워요.

저자 : 덩어리를 여기에 있는 쿠션 위에 올려 놓고 그 말을 해 보십시오.

Bob : (쿠션을 향해) 네가 정말 지겨워.

저자 : 그 밖에 다른 말씀도 해 보시겠습니까?

Bob : 너 때문에 숨이 막혀. 너는 내 자유를 차단하고 있어. 너 때문에 목회생활을 하는 게 힘들어.

저자 : 덩어리가 어떻게 당신의 목회생활을 차단하고 있는지 구체적으로 말씀해 주시겠습니까?

Bob : 너는 나를 다른 사람들로부터 차단을 해서 나의 목회생활을 차단하고 있어.

저자 : 자리를 바꾸어 봅시다. 이번에는 쿠션의 저쪽 편에 앉아서 덩어리의 입장이 되십시오. 이제 Bob에게 대꾸를 해 보십시오.

Bob : (자리를 옮겨서 쿠션 위에 앉는다) 나는 너의 목에 걸린 덩어리야. 나는 너를 다른 사람들로부터 차단했지. 너는 나를 필요로 해. 네가 사람들하고 너무 가까워지면, 사람들이 너의 몸을 건드리게 놓아두면… 알잖아? 무슨 일이 일어날지!

저자 : 자리를 바꾸십시오. 다시 Bob이 되십시오. 무슨 대답이 하고 싶습니까?

Bob : 내가 널 필요로 한다고? 정말, 넌 나의 숨통을 조이고, 계속 나에게 와서 또 내 숨통을 조이잖아!(Bob의 몸이 떨리기 시작한다)

저자 : (흐느끼고 있는 Bob의 뒤로 돌아가, 두 팔을 밥의 몸통에 두

르고 프레스로 조이듯이 꽉 조인다) 소리를 내 보십시오.

Bob : (분노에 찬 신음을 시작한다) 으으으으. (더욱 많은 눈물을 흘린다)

저자 : 말을 해 보십시오. 이 소리와 함께 무슨 말이 나옵니까?

Bob : 내 삶에서 나가. 저리 가, 저리 가! (계속 흐느낀다)

저자 : (여전히 Bob의 몸을 프레스로 조이듯이 꽉 조이며) 이름을 말해 보십시오. 누구에게 저리 가라고 하고 있습니까?

Bob : 으으, 으으으. (흐느낌이 점차 가라앉는다) Sandra. Sandra. 으으!(거칠게 몸부림치며 저자를 떼어 낸다) 그래. 후련해. 후련해. (조용히 앉아 바닥을 바라본다)

저자 : Bob, Sandra를 쿠션 위에 앉혀 보십시오. Sandra에게 말을 해 보십시오.

Bob : (눈물을 훔치고 쿠션을 응시한다) 아. 이건 참 힘드네요…(침묵). 저리 가, 돌아오지마.(힘없는 목소리로)

저자 : 당신의 목소리가 Sandra에게 들리지 않았을 것 같군요. 그 말을 좀 더 크게 해 보시겠습니까?

Bob : Sanra는 제 말을 제대로 들었습니다. 저리 가. 너는 더 이상 내 인생하고 상관없어. 나는 이제 목회자야.(아주 힘없는 목소리로)

저자 : Sandra에게 당신 목소리가 들리지 않아요, Bob.(힘주어 큰 목소리로).

Bob : 내 말 똑바로 들어! (갑자기 팔을 뻗어 쿠션을 잡고 공중에 들어올렸다가 바닥에 내동댕이 친다. 그리고 주먹으로 쿠션을 미친듯이 두들긴다) 저리 가, 저리 가, 저리 가, 개 같은 년아! 저리 가! 다시는 꼴도 보고 싶지 않아. (아주 큰 목소리로) 다시는 내 앞에 나타나지 마!

저자 : Sandra에게 그 말을 외쳐보십시오.

Bob : (믿어지지 않을 만큼 힘을 실어 외치며) 저리 가! (쿠션을 두드

리며) 우리는 한때 가까웠었지. 하지만 넌 이제 더 이상 내 아내
가 아니야! (그러고 나서 쿠션을 벽에다 힘껏 내던진다) 아하, 내
가 자신에게 이것을 하고 있었군요.(힘없는 목소리로) 그렇죠?

저자 : 뭐라구요? 잘 안들립니다.

Bob : (더 큰 목소리로) 이걸 내 자신에게 하고 있었다구요. 내 자신
에게!(엷은 미소를 보이며)

저자 : 방금 자신의 표정이 어땠는지 아십니까?

Bob : 웃었어요. 재미있네요, 정말. (그러고 나서 Bob은 점점 웃음
소리를 키워가며 바닥을 데굴데굴 구르다시피 하며 웃었다)

Bob은 자기 자신에 대한 알아차림과 자발적인 자기표현을 향해 먼 길을
왔다. 그는 이제 작업이 거의 다 이루어졌다고 여겼다.

다음 회기에 Bob은 눈을 감고 자기 안으로 들어가 보았다. Bob의 목에
는 여전히 덩어리가 걸려 있었다. 지난 회기에 그렇게 작업을 했음에도 불
구하고 상전과 하인 사이에 열띤 대화가 오가고 있었다. 하지만 그의 내면
어디에선가는 자신이 무엇을 회피하려 하는지를 알고 있는 것 같았다. Bob
은 너무나도 교묘하게 회피를 하고 있었기 때문에 자신조차도 속고 말았던
것이다.

저자가 "눈을 감고, 무슨 장면이 거기에 있는지를 보십시오"라고 말했다.
Bob은 즉각 작년에 세상을 떠난 아버지를 떠올렸다. 이것이야말로 진짜
미해결 과제였던 것이다! Bob은 전혀 슬퍼하지 않았다. Bob은 다른 사람
들이 슬퍼할 때 옆에서 그들을 도와주었지만 정작 자신은 슬퍼하지 못했던
것이다. Bob은 '냉정한' 신부였다. 울 필요조차 없었던 것이다! 모든 것이
신의 손안에 있는 것이며 신의 계획이었다. 신이 모든 것을 돌보기 때문이
Bob은 슬퍼할 필요가 없었던 것이다. 그러나 지금 내면의 목소리가 말을

하고 있는 듯했다. "그러나 신은 인간을 대신하여 슬퍼해 주지 않는다. 이것은 어디까지나 인간의 일이며 너는 인간이다"라고.

이후의 몇 회기는 Bob에게 있어서 힘든 시간이었다. 그는 자신이 하고 싶은 일을 회피하고 있음을 깨달았다. '이건 정말 말도 안 돼. 정말 말도 안 돼'라고 Bob은 생각했다. Bob은 상전과 하인의 대화를 그만두려고 했지만, 결국은 다시 그 대화를 시작해 버리곤 했다. 그는 막다른 골목(교착 상태)에 다다랐다고 느꼈다. 그리고 실제로 그러했다.

저자 : Bob, 무엇을 회피하고 있습니까?

Bob : 어버지에게 작별인사를 하는 일이에요.(울음을 그치지 않는다)

저자 : 아버지에게 무슨 이야기를 하고 싶습니까?

Bob : (말을 하려고 애를 쓴다) 잘 가시라고 하고 싶어요. 잘 가세요.(하염없이 눈물을 흘린다)

저자 : 그 밖에 아버지에게 하고 싶은 말은 없습니까?

Bob : (조용히 흐느끼며) 아버지가 돌아가실 때에 함께 있어주지 못해서 죄송해요. 아버지와 함께 있어야 할 때에 저는 교회 일을 하고 있었어요.(여전히 흐느끼며)

저자 : 아버지의 어디가 좋았는지 지금 말씀해 드리십시오.

Bob : (여전히 흐느끼며) 강해 보이는 아버지가 좋았어요. 아버지는 강하셨잖아요.

저자 : 아버지가 돌아가셔서 당신의 마음이 어땠는지 말씀해 드리십시오.

Bob : (여전히 흐느끼며) 아버지가 돌아가셔서 세상이 다 무너지는 것 같았어요.

저자 : 이제 아버지에게 어디가 마음에 들지 않는지 말씀해 드리십시오.

Bob : 아버지는 강하신 분인데도 가지신 힘을 쓰지를 못했어요.(여

전히 흐느끼며)

저자 : 좀 더 구체적으로 말씀해 주십시오.

Bob : (더욱 흐느끼며) 아버지는 술을 너무 많이 드셨어요. 가지신
힘을 좀 더 쓰셔야 했는데….(침묵) 하지만 아버지는 어떻게
해야 할지를 모르셨어요.

저자 : 그 밖에 아버지에게 하시고 싶은 이야기는 없으십니까?

Bob : (아주 조용히 흐느끼며) 그냥 잘 가세요. 아버지는 정말 좋은
아버지셨어요. 아버지가 보고 싶을 거예요.(눈물을 닦는다)

저자 : 이제는 앞에 있는 두 쿠션의 반대편에 앉아서 무엇이 보이는
지를 말씀해 주십시오.

Bob : (두 쿠션의 반대편으로 건너가) 제 자신이 보여요. 인간다워
지기 시작하는. 저의 눈물도 저기 있네요. 제가 인간임을 정
말로 말해주고 있는 것 같아요.

저자 : 이제 무엇을 하고 싶으십니까?

Bob : (살며시 두 쿠션을 붙여놓고) 저는 이것들을 함께 붙여놓고
싶어요. 나 자신과 나의 인간적인 모습을. 나의 눈물도 역시
나라는 것이죠.

마지막 회기에서 저자는 "자신의 몸 안으로 들어가 무엇이 보이는지 경
험해 보십시오"라고 말했다.

Bob은 더 이상 목에 덩어리가 걸려있지 않은 것을 확인하고 기뻐했다.
그러나 이번에는 어깨의 통증이 있음을 발견했다. 하지만 Bob은 여전히
자신감에 가득 차 있었다. 그는 게슈탈트 집단을 통해 좋은 출발을 하였으
며 인간적인 인간이 되는 고통을 기꺼이 받아들일 준비가 되었기에 자신이
더욱 훌륭한 목회자가 될 수 있을 것이라고 느꼈다.

Bob의 사례는 뜨거운 의자를 활용하는 방법에 관한 힌트를 제공함과 동

시에 한 목회자가 뜨거운 의자 작업을 어떤 식으로 경험하였는가를 예시해 주었다. 그리고 뜨거운 의자 작업이 어떻게 진행되는지 뿐만 아니라 상전과 하인의 대화가 이루어지는 모습도 보여주었다. Bob의 사례는 쿠션 대화로 끝을 맺었다. 전에도 언급했지만, 상담자가 내담자에게 반응하는 방식에 관한 정해진 공식은 존재하지 않는다. 상담자는 Bob에게 자연스럽게 반응하며, Bob이 과거의 경험에 관해서 이야기하는 것이 아니라 지금 여기에서 경험을 할 수 있도록 도와주었다. Bob은 이제 자신에 대한 책임을 짐으로써 변화할 수 있게 되었다. 게슈탈트들이 완결을 향해 나아가도록 허락함으로써 Bob은 자연스럽게 새로운 경지로 나아갈 수 있으며, 한 사람의 온전한 인간으로서 현재에 몰입할 수 있게 되었다. 이제 Bob은 더욱 목회활동에 매진할 수 있게 된 것이다.

뜨거운 의자를 넘어서

본 장에서는 게슈탈트 실험의 예를 살펴봄으로써 고전적인 게슈탈트 작업을 독자에게 제시하고자 하였으며, 뜨거운 의자 기법을 활용하는 방법에 관해 대략적으로 살펴보았다. 그러나 게슈탈트 접근법은 뜨거운 의자 작업과 고전적인 게슈탈트 실험들을 초월하여, 집단 및 개인과 관련된 다양한 역동을 활용한다는 점을 잊어서는 안 된다.

Elaine Kepner가 지적하였듯이, 역사적으로 볼 때 게슈탈트 접근법의 초기에 뜨거운 의자 기법이 광범위하게 사용된 데에는 이유가 있었다.[4] 그것은 정신건강 전문가들에게 새로운 방식의 심리치료를 훈련하기 위해서였

---

4) Elaine Kepner, "Gestalt Group Process," in Bud Feder and Ruth Ronall(Eds.), *Beyond the Hot Seat* (New York : Brunner/Mazel, Publishers, 1980), pp. 5-24.

다. 뜨거운 의자 기법은 작업에 참여한 사람에게 자신을 탐험할 기회를 제공하였다. 뿐만 아니라, 게슈탈트 집단에 참여한 집단원들-목회자, 초보 상담자, 그 밖의 정신건강 전문가들-에게 새롭게 등장한 게슈탈트 접근법이 내담자에게 어떻게 사용될 수 있는지를 보여주는 효과도 있었다.

게슈탈트 접근법이 발전함에 따라 게슈탈트 집단의 특성도 다양해졌다. 예를 들면 게슈탈트 집단에는 Kurt Lewin의 집단역동과 유사한 특성이 나타나기도 한다. 이러한 유사성은 Fritz Perls와 Kurt Lewin의 이론이 모두 Kohler, Koffka, Wertheimer, Goldstein 등의 심리학 이론에 영향을 받았다는 사실에 의해 설명될 수 있다. 그러나 Fritz는 개인에 초점을 맞추었고, Lewin은 사회체계에 초점을 맞추었다는 점에서 양자의 차이가 두드러지게 나타난다. 오늘날의 게슈탈트 치료자들은 완벽한 심리치료가 존재하지 않는다는 것을 깨달았다. 그렇기 때문에 개인에 대한 초점을 유지하면서도 집단역동의 관점을 게슈탈트 집단에 통합한 것이다.

오늘날의 게슈탈트 집단은 집단역동에 대한 이해를 점점 더 중시하는 방향으로 움직이고 있다. 예를 들면 Kepner는 게슈탈트 집단발달의 3단계를 다음과 같이 제시하였다.[5]

(1) 정체성과 의존(identity and dependence)
(2) 영향력과 역의존(influence and counter dependence)
(3) 친밀한 관계와 상호의존(intimacy and interdependence)

하지만 Kepner는 집단역동에 대한 설명은 어디까지나 설명에 그칠 뿐이지 그것이 집단은 아니라고 지적했다. 이것은 지도를 보고 나서 실제로 지

---

5) Ibid.

도가 가리키는 지역을 보았다고 말할 수 없는 것과 마찬가지이다. 전체는 언제나 부분의 합 이상이다.

게슈탈트 집단은, 이 책의 3장에 제시한 게슈탈트 규칙에 따라 집단원 간의 상호작용을 허용한다. 게슈탈트 집단의 특징은 이전에 제시한 게임과 비슷한 게임을 활용한다는 것이다. 집단이 전개되는 양상은 일정한 패턴을 나타낸다. Zinker는 게슈탈트 집단이 다음과 같은 사이클을 반복하며 전개된다고 주장하였다.

> 집단감각(group sensation) ➡ 집단자각(group awareness) ➡ 집단에
> 너지 동원(group energy) ➡ 집단활동(group action and movement)
> ➡ 집단접촉(group contact) ➡ 집단해소(group resolution) ➡ 집단
> 후퇴/휴식/침묵(group withdrawal, rest, and silence)[6]

그는 집단이 보다 높은 차원의 알아차림과 응집성을 향해 나아가면서 이 사이클이 반복된다고 여겼다.

게슈탈트 집단을 진행하고자 한다면, 집단을 몸소 체험하고 훈련을 받을 필요가 있다. 게슈탈트 집단의 목표는 뜨거운 의자 작업의 목표와 동일하다. 게슈탈트 집단을 체험하는 것은 목회자가 보다 충실하게 지금 이 순간을 살고, 보다 인간적인 인간이 되게 하여 결과적으로 보다 나은 목회자가 되는 데에 도움을 줄 것이다.

게슈탈트 접근법을 목회활동에 활용하기 위한 첫 단계는 게슈탈트 집단에 참여하는 것이다. 그리고 그 다음 단계는 인증된 게슈탈트 훈련 프로그램에 참가하여 적절한 훈련을 받는 것이다.

---

6) Joseph Zinker, "The Developmental Process of a Gestalt Therapy Group," in Bud Feder and Ruth Ronall(Eds.), *Beyond the Hot Seat*, pp. 55-57.

제6장

🞷 통합에 이르는 왕도

꿈 작업

프로이트는 '꿈은 무의식에 이르는 왕도'라고 이야기했다. 이후 꿈을 다루는 것은 심리치료의 중요한 부분으로 여겨지게 되었다. 꿈은 기독교에 있어서도 역시 중요하다. 성경에는 꿈에 관한 이야기가 자주 등장한다. 요셉은 이집트 파라오의 꿈을 해석했다(창세기 41장). 다니엘서에는 꿈이라는 단어가 스물세 번이나 등장한다(다니엘 2, 4, 7장). 요셉이 아기 예수를 데리고 달아나 목숨을 구할 수 있었던 것 역시 꿈 덕분이었다(마태복음 2장). 성경을 대강 훑어보기만 하더라도 꿈이 얼마나 중요하게 여겨져 왔는지, 그리고 꿈을 해석하는 것이 종교적 삶에서 얼마나 중요한 부분을 차지해 왔는지를 엿볼 수 있다. 하지만 불행하게도 꿈 해석이 어떠한 방식으로 행해졌는지에 대한 자세한 내용은 알려져 있지 않다. 프로이트가 꿈 해석에 대한 현대적 이해와 기법을 제시한 것은 불과 1세기 전의 일이다.

Fritz 역시 꿈의 중요성을 강조했다. 그러나 Fritz가 강조한 것은 프로이트와는 사뭇 달랐다. 이것은 Fritz가 "나는 꿈이야말로 통합에 이르는 진정한 왕도라고 믿는다"[1]라고 진술한 것을 통해서도 알 수 있다. 본래 Fritz는 프로이트의 정신분석 훈련을 받았다. 그러므로 프로이트의 이론에 대한 이해가 부족해서 그런 견해 차이가 발생했다고는 볼 수 없다. Fritz는 치료자가 꿈을 해석하는 것에 반대했으며, 치료자의 해석에는 다른 정신분석학적 기법들과 마찬가지로 기본적인 오류가 존재한다고 여겼다. Fritz에 의하면, 치료자의 꿈 해석은 경험의 중간영역에 머물 뿐이며, 정신을 짜맞추는 게임에 불과하다. 치료자의 꿈 해석은 총체적인 경험과는 거리가 멀다. Fritz는 정신분석가들의 정신 게임―주로 자유연상에 기반을 둔 해석―이 인격의 통합을 방해한다고 생각했다. Fritz는 이러한 치료자의 해석을 환상이라고 불렀다. 치료자의 해석이 현실인 것으로 오인되곤 하지만, 이것은 결코 현실이 아니다. 왜냐하면 치료자의 해석은 경험의 외부영역에도 내부영역에도 해당되지 않기 때문이다.

게슈탈트 접근법의 관점에 따르면, 꿈 작업은 자발적이고 생기 넘치는 삶을 살아갈 수 있도록 도와준다. 우리의 삶이 그렇지 못할 때에, 꿈은 우리에게 삶에 관한 메시지를 보내 우리가 보다 큰 전체(wholeness)를 향해 나아가도록 인도한다. 하지만 꿈을 다루기 위해서는 힘든 작업을 기꺼이 감수해야만 한다는 점을 잊어서는 안 된다.

게슈탈트 꿈 작업과 관련된 몇 가지 전제를 살펴보도록 하자. 게슈탈트 꿈 작업의 첫 번째 전제는 꿈속의 모든 부분들이 꿈을 꾼 사람 그 자신이라는 것이다. 나의 꿈속에 등장하는 모든 것이 곧 '나'라는 것이다. 그것은

---

1) Perls, *Gestalt Therapy Now*, p. 204.

바깥의 현실세계가 아니다. 모든 것이 나의 기억의 흔적이고 인상이며, 세상을 향한 투사이다. 투사를 다룸으로써 꿈 작업을 진행할 수도 있다. 자신의 일부를 떼어내어 바깥 세상에 붙여놓은 것을 바라보고, 체험하고, 다시 통합하는 것이다. 꿈 작업의 목표는 보다 큰 전체를 향하여 보다 큰 통합을 이루고, 자기자각(self-awareness)을 증진하는 것이다. 이것은 평생에 걸쳐 진행되는 과정이다.

꿈은 자기자각을 향한 끝없는 여정에 이정표를 제시해 준다. 꿈속에 등장하는 이미지는 인간이 세상에 부여한 다양한 의미들을 반영하고 있다. 이러한 의미들을 끝까지 추적하면 개인의 정체성과 경험의 깊은 곳에까지 다다르게 된다. 조화되지 못하고 분열된 부분들을 자기의 것으로 받아들일수록 더욱 자유롭고 자발적인 삶을 살 수 있다. 꿈 작업을 포함하여 게슈탈트 접근법은 해소되지 않은 상황을 해소시키고, 삶의 조각난 퍼즐 조각들을 제자리에 맞추며, 투사를 자기 안에 통합하고, 내사를 몰아내며, 융합을 접촉으로 전환시킨다.

참으로 진실하고 참으로 살아있는 인간을 향한 여정의 어디쯤에 있는가를 꿈은 극적으로 제시해 준다. Fritz는 인생에서 거치는 다섯 단계를 다음과 같이 제시하였다.[2]

1. 일상 단계(the cliché layer) : 날씨에 대한 이야기처럼 단순한 사교적인 내용들로서, 어떤 접촉도 일어나지 않는다.
2. 역할게임 단계(the game-playing layer) : 게임을 하고 역할을 이행한다 (즉 착한 아들, 참여적인 시민, 사랑을 베푸는 목사 등). 상전/하인 게임.

---

2) Frederick S. Perls, *Gestalt Therapy Verbatim* (Lafayette, CA : Real People Press, 1969), pp. 55-71.

3. 교착/신경증 단계(the impasse or neurotic layer) : 막다른 골목에 몰려 움직일 수 없게 된다. 점점 알아차림을 향해 다가가지만 무엇을 해야 할지, 어떻게 문제를 다루어야 할지, 어떻게 반응해야 할지를 알지 못한다. 게임은 더 이상 통하지 않는다.

4. 내파/죽음 단계(the implosive or death layer) : 이전 단계에서 연장된 것으로, 방어는 사라지고 신경증이 절정에 달해 있다. 에너지는 자기 안에 갇혀 있으며 어디로도 움직이지 못한다.

5. 외파/삶 단계(the explosive or life layer) : 자기 안에 갇혀 있던 에너지가 움직이기 시작할 때 내파가 외파로 전환된다. Jack Downing은 다섯 가지 종류의 외파가 있다고 했는데, 슬픔, 분노, 오르가즘, 기쁨, 황홀경이 그것이다.3) 이 단계에 도달하면 자유롭게 경험하고 느끼고 책임질 수 있게 된다.

인간은 항상 한 단계에만 머물러 있는 것이 아니다. 생활 속에서 단계와 단계를 넘나드는 경우가 종종 있다. 꿈은 인간이 지금 어디에 있는지를 알려준다. 우리가 꿈의 의미를 경험할 수 있다면, 꿈은 통합과 자기자각을 향해 더 나아갈 수 있도록 도와줄 것이다.

Fritz는 "꿈은 우리가 무엇을 잊고 살고 있는지, 무엇을 회피하며 살고 있는지에 대한 명확한 메시지를 전해준다. 다시 자기 안에 받아들여 자기의 것으로 만들어야 할 것들이 헤아릴 수 없이 많다"라고 말했다.4)

게슈탈트 이론에 따르면, 수면 중에는 사고가 중단됨으로 인해 전경이 형성되지 않는다. 꿈은 이때에 배경으로부터 생겨난다. 이것은 중간영역이 담당하는 기능의 또다른 측면을 보여준다. 즉 완결되지 않은 게슈탈트들이 꿈

---

3) Jack Downing and Robert Marmorstein(Eds.), *Dreams and Nightmares* (New York : Harper and Row Publishers, 1973), p. 14.

4) Perls, *Gestalt Therapy Verbatim*, pp. 55-71.

이라고 하는 은유적 언어를 통해 나타나도록 허락하는 것이다. 꿈을 논리적인 사고를 통해 이해하려고 한다면, 꿈이 우리에게 전해주고자 하는 삶에 관한 메시지를 잃어버리게 된다. 우리가 해야 할 일은 꿈의 내용과 총체적으로 상호작용을 하여 꿈의 은유적 구조가 명확히 모습을 드러내도록 하는 것이다. 보다 완전한 인간이 되기 위해 현재의 존재 속으로 무엇을 통합－또는 재통합－해야 하는지를 꿈은 우리에게 명확하게 알려준다.

Fritz의 접근법은 꿈을 해석하는 것이 아니라 꿈을 지금 여기에서 다시 체험하도록 한다. 회피하려고 하지 않는다면, 열린 자세로 있을 수 있다면, 꿈이 전하려는 의미를 저절로 체험하게 될 것이다. Fritz의 접근법은 자신이 꿈에 등장하는 모든 부분들－생물, 무생물, 분위기 등－이 되어보고 그것들과 대화를 나누는 것이다. 이렇게 함으로써 자기 자신의 투사된 부분들－지금까지 자기 것이 아니라고 부인해 왔던 부분들－과 접촉을 하는 것이다.

꿈을 통합하는 일의 중요성을 깨닫기 위해서는 투사의 강력한 힘을 이해할 필요가 있다. Fritz는 타인과 세상에 대한 인식이 실제로는 투사라고 믿었다. 문제는 투사가 전체에 통합되어야 할 부분에 불과하다는 것이다. 그래야만 전체성이 성취될 수 있다. 꿈 작업에서는 꿈속에 등장하는 모든 부분과 완벽하게 동일시를 할 수 있어야 하며, 완벽하게 자기 자신이 그 부분들이라고 느낄 수 있어야 한다.

역설적으로 들릴지도 모르지만, 변화는 본연의 자신이 됨으로써 일어나는 것이지, 본연의 자신이 아닌 것이 되려고 노력함으로써 일어나는 것이 아니다. 투사의 경우도 마찬가지이다. 투사를 자기의 것으로 다시 수용하는 것은, 투사한 것을 회수함으로써 아니라 투사와 완벽하게 동일시를 함으로써 이루어질 수 있다. 소외로부터 동일시로 전환함으로써 투사가 본래 가지고 있는 힘을 자기 것으로 되찾을 수 있다.

꿈 작업은 Fritz가 '인격의 구멍들(holes in the personality)'이라고 부른 것을 발견하게 해준다. 이러한 구멍들은 '머리가 멍해지는 곳'이며, 우리가 두려워하는 장소이다. 그래서 우리는 구멍들을 피해가려고 한다. 이러한 이유로 Fritz는, 자기의 꿈 작업은 본래 자기가 하는 것이기는 하지만, 조력자와 함께 꿈 작업을 하는 것이 바람직하다고 이야기했다. 조력자는 우리가 구멍들을 피해가려고 하는 것을 관찰하여, 그 구멍들과 접촉하도록 도울 수 있기 때문이다.

본 장의 나머지 부분에서는 저자가 임상목회교육의 수련 감독자로서 실시한 작업의 두 가지 예를 제시하였다. 이 작업들에서의 저자의 역할은 단지 조력자에 불과했다. 꿈 작업을 실시한 목회자들이 보다 큰 전체-보다 효과적인 목회활동을 위한 필수사항-를 이룰 수 있도록, 그들이 자기의 꿈 작업을 하는 것을 거들고, 자기의 것이 아니라고 부인해온 부분들을 자기의 것으로 수용하는 것을 도왔을 뿐이다.

기차 세우기

John은 인근에 있는 신학대학원에 다니는 스물여섯 살의 학생이었다. 2년간의 공부를 마친 뒤 프로테스탄트 교회의 목회자가 되기 위한 예비 과정으로 저자가 운영하는 임상목회교육 프로그램에 참가했다. 당시 그는 5년 전에 이미 엔지니어링으로 학위를 취득하고 해군 복무를 마친 상태였다. 목사가 되기로 마음먹은 것은 해군 복무 기간 중이었으며, 제대 후 결혼을 하고 신학대학원에 입학하였다.

John은 훌륭한 상담자가 됨과 동시에 기독교 윤리에 대한 이해를 넓히고 싶다는 부푼 기대를 안고 임상목회교육에 참가했다.

John은 눈에 띄는 행동을 많이 하였으며, 집단에 잘 섞이지 못하고 있었다. 그는 무슨 일이 있으면 항상 자기가 해보겠다고 제일 먼저 자원하였다. 내담자를 대할 때는 종종 지나치게 지시적이고 고압적인 태도를 취했다. 또한 내담자의 얘기를 거의 들으려고 하지 않았다. 그리고 내담자를 위해 '무엇인가를 하고 있을 때에만' 진정으로 도움을 줄 수 있다고 느끼는 것 같았다.

John을 지도하는 일은 쉽지 않았다. 그는 어떤 비판도 듣고 싶어 하지 않았고, 저자가 지적을 해도 싱긋 웃어 보이며 "글쎄요, 그건 선생님 생각이죠"라고 대꾸하는 게 고작이었다. 저자는 그런 John이 싫었다. 저자가 느끼기에 John은 위선자였다. John은 겉으로는 웃고 있었지만 그의 격앙된 목소리와 붉어진 얼굴색은 속으로는 화가 부글거리고 있다는 걸 말해주는 듯했다. 강박적으로 무언가를 '행함'으로써 자신을 정당화시키려 한다는 것이 느껴졌다. 저자는 John에게 "진정해요. 감정을 좀 가라앉혀 봐요"라고 이야기해 주고 싶은 충동을 몇 번이고 느꼈다.

John이 꿈 작업을 해보겠다고 자원했을 때 저자는 별로 놀라지 않았다. 그는 초조해 보였고 말이 몹시 빨랐다. 마치 꿈 작업을 시작해도 좋다는 허락이 떨어지기만을 기다리고 있는 듯했다.

> 저자 : 당신이 정말 꿈 작업을 하고 싶어 하는 건지 잘 모르겠군요. 그저 내가 시작하라고 말해 주는 것을 기다리고 있는 사람처럼 보입니다.
>
> John : (의자에서 벌떡 일어나 집단 한가운데로 뛰쳐나왔다) 지금 당장 시작하죠.

이 행동을 통해 John은 대단히 중요한 일을 하였다. 스스로 책임을 지려고 한 것이다. 그는 두려워하고 있는 것처럼 보였다. 그는 이전까지 한 번도 꿈 작업을 해본 적이 없던 것이다.

John : 계속 반복해서 같은 꿈을 꾸고 있어요.

저자 : 1인칭을 사용해서 그 꿈이 지금 여기에서 일어나고 있는 것처럼 말해보십시오.

John : 지금 여기에서라구요? (잘 모르겠다는 듯, 두려워하는 듯)

저자 : 그래요. 꿈을 지금 여기에서 재현해 보는 것입니다.

John : 아, 알았어요. 음. 그러니까, 이 꿈은 여러 번 반복해서 꿔왔어요. 그런데 지난 번에 꾼 꿈은 좀 달랐어요. 설명을 해보죠. 기차 한 대가 산에서 내려오고 있어요. 오래된 증기 기관차 같은 거 있잖아요, 왜. (윗몸을 왼쪽으로 휙 돌려 보인다) 그래요. 저는 기차가 계곡 아래로 떨어지기 전에 기차를 세우려고 하고 있어요. 산과 계곡의 중간 쯤에 제가 있어요. 기차를 세우려고 하는데 도저히 멈추지를 않아요. 기차가 제 앞을 지나쳐서 계곡으로 향하고 있는데 거긴 위험해요. 제가 기차를 멈추게 할 수 있는 유일한 방법은 절벽을 기어내려 가는 거예요. 그래서, 기어 내려가고 있어요. 춥고 바람이 불고 있네요. 그리고 이때 새로운 내용이 끼어 들어요. 이번에는 등에 자전거를 매고 절벽을 내려가고 있는 거예요. 절벽을 다 내려간 다음에 제시간에 기차에 도달하려면, 기차를 세우려면, 자전거가 필요해요. 절벽 아래에서 기차까지는 꽤 멀거든요….(목소리가 점점 작아지며 바닥을 바라본다)

저자 : 그리고 무슨 일이 일어납니까?

John : 아, 아무것도. 제가 아래로 굴러 떨어지고 꿈이 끝나버려요. 항상 떨어지는 걸로 끝나죠. (미소를 지어 보인다)

저자 : 웃음이 부자연스럽게 느껴지는군요.

John : 그거야 선생님 생각이죠. (이때, 집단에 있던 몇몇 사람들이 John의 미소가 부자연스러워 보인다고 맞장구를 친다)

John : 네, 글쎄요, 지금 절벽에서 떨어진다면 웃지 못하겠죠, 안 그런가? (혼잣말을 하는 것처럼 보인다)

저자 : 그 꿈의 어떤 부분에 가장 관심이 있습니까? (저자는 John의 꿈이 여러 가지 면에서 흥미롭다고 생각했다. 하지만 이것은 어디까지나 저자의 관점일 뿐이지 John의 관점은 아니다. John이 관심을 가지고 있는 부분을 다루게 하는 것이 바람직하다)

John : 모르겠네요, 정말. 다 관심이 있는 것 같은데. 정말 오랫동안 몇 번이고 이 꿈을 꾸었었거든요.

저자 : (저자는 John이 자전거에 관해 이야기를 할 것이라고 생각했다. 하지만 그것은 저자가 흥미롭게 생각한 것에 지나지 않았다) 좋습니다. 그럼, 처음부터 시작해 볼까요? (John이 고개를 끄덕인다. John이 전보다 의욕을 보이고 있는 것처럼 느껴졌다) 그럼, 기차가 되어 보겠습니까?

John : 기차가 되어 보라구요?

저자 : (John은 저자가 이끌어 주기를 바라는 것처럼 보였다) 예. 그렇습니다. 산 위에서 출발을 해서 John이 있는 곳을 향해 내려가십시오. 기차가 되십시오.

John : 알겠습니다.(왼쪽으로 움직이다가 돌아서서 두 주먹을 쥐고 팔을 움직이며 발을 구른다) 칙칙폭폭! 칙칙폭폭! (큰 소리로 여러 차례 반복하며) 우~. 우~. (John이 있는 곳을 향해 곧장 달려간다. 그리고 저자 옆을 지나친다. John은 계속 주먹을 쥐고 발을 구르고 있다. 이내 John은 멈추어 서 저자를 바라본다)

저자 : 제가 계속하라는 말을 해주는 것을 기다리고 있는 것 같군요.

John : 아니요, 그냥 뭘 해야 할지를 몰랐을 뿐이에요.

이것은 게슈탈트 꿈 작업을 할 때에 흔히 일어나는 일이다. John은 여전히 자기 자신에 대한 책임, 자기 꿈에 대한 책임을 지는 것을 어려워하고 있다.

저자 : 무엇을 하고 싶으십니까?

John : 꿈의 다른 부분들을 해 보고 싶네요. 아까 얘기한 것처럼.(침묵)

저자 : 음. (저자는 John에 대해 책임을 지는 것을 거부하였다)

John : 음, 어디까지 했었죠? 아, 그래요. 저는 절벽 위에 있고 기차는 계곡을 향해 달리고 있어요. 제가 기차를 세워야 해요. (John은 절벽 위에 버티고 서 있는 것처럼 아래를 내려다 본다) 그럼 지금부터 절벽을 내려갑니다.(절벽을 내려가는 시늉을 한다) 그리고, 아까 얘기한 것처럼, 등에 자전거를 지고 있어요. 자전거를 등에 지고 절벽을 내려가다니 바보 같네요. 하지만 절벽을 내려간 다음에 제시간에 기차에 도달하려면 자전거가 필요하죠.(절벽을 내려가는 시늉을 한다) 그런데, 정말 춥네요.(침묵)

저자 : 추위가 되십시오.

John : 예. 좋아요. 나는 추위이자 바람이다. 덜덜~. 휘잉~. (추위와 바람을 연기할 때에, John은 이전보다 활기가 있어 보였다. John은 정말로 추위와 바람과 동일시를 하고 있었다)

저자 : 무슨 일이 일어나고 있습니까?

John : 정말 진짜같이 느껴지네요. 완전히 몰입이 되었어요. (침묵)

저자 : 지금 무슨 일이 일어나고 있습니까?

John : 음, 절벽에서 떨어져요. 이제 꿈의 끝이에요.

꿈의 몇 가지 요소들과 접촉을 시작하였지만, 금세 꿈 작업을 시작하기 전의 John으로 돌아간 듯이 보였다.

저자 : 다시 꿈으로 돌아가 추위와 바람에게 말을 해 보십시오.

John : 말을 한다… 글쎄요, 무슨 말을 해야 할지 모르겠네요.(침묵)

저자 : 그럼, 다시 바람이 되어 보십시오.

John : 예, 알겠습니다. 덜덜~. 덜덜~. (덜덜 떨기 시작한다) 저는 차갑고 강해요. 절벽의 표면을 세차게 때리고 있어요. (세차게 내리치며)

저자 : 더 세게 때리십시오. 더 세게. 더 세게!

John : 야~. (세차게 내리치며) 맞아라. 맞아. 덜덜. 휘잉~.

저자 : 추위가 되어, 바람이 되어, John에게 말을 하십시오.

John : 너를 벌하겠다. 너는 절대 절벽 아래에 가지 못한다. 덜덜~. 휘잉~. (세차게 내리치는 시늉을 하며)

많은 에너지가 '추위'에 투사되어 있다. 독자들이 여기에서 보고 있는 것은 John 자신의 '냉정함'이 투사된 모습이다. 추위를 연기함으로써 John은 자기 자신의 냉정함과 그 냉정함에 실린 힘을 알아차리게 될 것이다. 그리고 이 알아차림을 통해 통합을 향한 여정이 시작될 것이다.

저자 : 이쪽으로 와서 John이 되십시오. (John이 절벽에서 떨어진 곳을 가리킨다)

John : (자리를 바꾸며) 너희들을 어떻게 해야 할지 모르겠다. (추위와 바람에게 말하며) 정말 모르겠어. 너희들을 당해낼 수가 없구나. 결국 나는 손에 힘이 빠져 절벽 아래로 떨어져 버리지. (바닥에 쓰러진다) 항상 그런 식으로 끝이 나지. (일어서려 한다)

저자 : 그대로 있으십시오.

John : 예?

저자 :	일어나지 말고 있으십시오.
John :	예. (다시 눕는다)
저자 :	자, 눈을 감으십시오. 당신은 절벽 아래에 있습니다. 맞습니까? 거기에 있습니까?
John :	예, 있어요.
저자 :	당신은 살아있습니까? 죽어있습니까?
John :	살아있어요!
저자 :	좋습니다. 계속 눈을 감은 채로 계곡 주변을 돌아보십시오. 무엇이 보이는지 말씀해 주십시오.

John의 작업이 진행되는 것을 보고 저자는 놀라지 않을 수 없었다. 저자는 추위와의 대화가 좀 더 이루어지고, 등에 지고 있던 자전거와의 대화가 시작될 것이라고 예상하고 있었다. 이러한 예상은 저자가 관심을 가지고 있던 내용이지 John의 현재의 상태를 말해 주는 것은 아니었던 것이다. 이 것은 John이 교착 상태로부터의 탈출에 저자가 생각했던 것보다 훨씬 가까이 접근해 있었다는 것을 말해준다. 꿈 작업의 목적은 John에게 통찰이 일어나도록 하는 것도 아니고, 저자가 John의 문제를 제대로 이해하였는가를 확인하는 것도 아니다. 그것은 John이 자신이 가지고 있는 힘과 접촉하여 교착 상태로부터 탈출하도록 도와주는 것이다. John이 항상 절벽 아래로 떨어져 그곳에 쓰러져 있다는 사실은 교착 상태를 탈출하기 위한 움직임이 현재 방해받고 있음을 나타낸다.

John :	재미있네요. 제가 그냥 살아있다고 느껴져요. 절벽에서 떨어졌는데도 살아있을 것이라고 생각한 적이 한 번도 없거든요.
저자 :	살아있다는 것이 어떻게 느껴집니까?

John : 와, 거친 느낌이네요. 하지만 살아있다니 정말 기분 좋네요.

저자 : 그 느낌에 머물러 있어 보십시오. 지금 뭔가 새롭게 느껴지는 것이 있습니까?

John : 몸이요… 정말 기분이 좋네요. 여기 계곡은 햇살도 따뜻하구요. (미소를 지으며 이야기한다. 이전까지는 전혀 몸을 움직이지 않고 있었다)

저자 : 지금 미소를 지으셨는데, 그것을 아십니까?

John : 예. 햇살하고 연관이 있는 것 같아요. 추위가 사라졌을 때, 따듯한 햇살이 미소를 가지고 온 것 같아요. (침묵)

저자 : 계곡에는 무엇이 있습니까?

John : 온통 푸른 잔디예요. 여긴 정말 좋네요.

저자 : 아까는 기차를 세워야 한다고 하셨는데요?

John : 기차요? 아, 잊어버리고 있었네요.

저자 : 기차가 보입니까?

John : 아니요. 기차가 보이질 않아요. (침묵) (눈을 뜨고 일어난다)

저자 : 뭔가 새롭게 느껴지는 것이 있습니까?

John : 이렇다 할 만한 것은 없는데, 기분이 좋네요.

저자 : 좋습니다. 이쯤에서 멈추도록 합시다. 괜찮겠습니까?

John : 예.

저자 : 뭔가 더 해보고 싶은 것은 없습니까?

John : 아니요. 괜찮습니다.

꿈 작업을 시작했을 때와 마찬가지로, John이 자신의 꿈 작업을 중지하는 것에 대해 스스로 책임을 진 것은 주목할 만한 일이다.

반복되는 꿈은 대단히 중요하다. 그들은 통합이 이루어지기만을 기다리고 있는 것이다. 반복되는 꿈은 악몽과도 같이 공포를 수반하며 끝이 나는 경우가 많다. 이것은 보통 낙담의 심정을 상징한다.

John의 꿈에서는 긴박함이 느껴진다. John은 의식하지 못하고 있지만, 그가 자신의 삶의 힘의 원천으로부터 차단되어 있음이 확연하게 드러난다. John은 자기가 가진 힘을 되찾기 위해 눈물겨운 노력을 하고 있지만, 자신의 차가움 때문에 방해를 받고 있는 것이다. John은 이제 이 차가움의 영향력—차가움이 어떻게 자신을 방해하고 있는지—에 눈을 뜨기 시작하고 있다. 이것에 대한 보다 많은 알아차림이 일어날 때 비로소 차가움을 자기 안에 통합하고, 본연의 자신이 가진 힘을 되찾을 수 있을 것이다.

John이 지난번에 꾼 꿈속에 등장한 자전거는 자신이 가진 힘을 보다 많이 사용할 수 있는 상태를 향해 나아가고 있음을 말해주는 듯하다. 꿈 작업을 계속했다면, John에게 자전거가 되어 보라고 하고, 대화를 시키고, 자전거와 접촉을 하도록 하였을 것이다. John이 정말로 이 작업을 하고 싶어 하는 경우의 이야기이기는 하지만 말이다. 다시 말하지만, 꿈 작업을 할 때에는 John 자신에게 있어서 의미가 있는 것을 다루어야 하는 것이다.

꿈 작업을 끝낸 후 John은 활기가 넘쳐 보였다. 그러한 John을 보고 저자도 기뻤다. John이 자기 자신과 예전보다 더 많은 접촉을 하고 있음을 알 수 있었다. John의 통합을 향한 험난한 여정은 이제 끝이 났는가? 그렇지 않다. 하지만 John은 꿈 작업을 통해 투사를 자기 것으로 받아들이고, 본연의 자기가 가진 힘과 활력과 진솔함을 되찾기 위한 중요한 한걸음을 내디딘 것이다. John은 교착 상태로부터 벗어나기 위한 작업을 시작한 것이다. 다소 예상하지 못한 방식으로 일어난 일이기는 했지만, John은 본연의 자기가 가진 힘을 조금이나마 경험할 수 있었다.

John이 정말로 훌륭한 목회자가 되기 위해서는, 자기가 가진 모든 힘을 활용할 수 있어야 할 것이다.

크리스털 샹들리에

Joe Jones(루터교회 목사, 35세)는 5년간 교구목사의 직책을 훌륭히 소화해 냈다. 그가 여름휴가를 내서 목회임상교육 프로그램에 참여한 이유는, 자기 안에서 무엇인가가 사라진 듯한 느낌이 드는데 그게 무엇인지를 알고 싶었기 때문이었다.

　Joe는 조용하고 수줍음을 많이 타는 성격이어서 프로그램 중에 거의 말을 하지 않았다. 그는 자신이 '그저 조용한 사람'이라고 생각하고 있었다. 프로그램이 진행됨에 따라, 그는 자기 안에서 무엇인가가 일어나고 있는 것을 느꼈다고 이야기했다. 다른 집단원들도 Joe의 변화를 느낄 수 있었다. 한 가지 예를 들자면, Joe는 뜨거운 의자 작업을 하면서 위험을 감수하는 태도를 보여주기 시작했다. 자신이 담당한 병원 환자들에게도 새로운 방식으로 접근을 하고 있었다. 목회임상교육 프로그램이 거의 끝나갈 무렵에 참석한 꿈 세미나에서는 꿈 작업을 해보겠다고 자원하고 나설 정도였다.

Joe : 　꿈 작업을 해보고 싶습니다.

저자 : 　예. 시작해도 좋습니다. (이 무렵 집단원들은 꿈 작업에 익숙해져 있었다)

Joe : 　집사람하고 같이 새집을 샀습니다. 아주 큰 집을 말이죠. 집의 문을 열고 들어갈 때 저는 정말 흥분이 되어 있습니다. 집안에는 좀 희미한 불빛이 켜져 있구요. 한 바퀴 둘러보니 제 앞에 놓인 방이 너무나도 넓어서 놀라고 있습니다. (침묵)

저자 : 　그 방이 어떻게 생겼는지 설명을 해주시겠습니까?

Joe : 　예, 아까 얘기한 것처럼 넓은 방입니다. 높은 천정에는 크리스털 샹들리에가 달려 있네요. 꼭 궁전 같아요. 하지만 청소를 좀 해야 할 것 같습니다. 여기저기에 먼지가 굴러다니고, 거미줄이 쳐진 곳도 보입니다. 저는 정말이지 흥분이 되어 있습니다.

저자 : 몸의 어디가 흥분이 되어 있습니까?

Joe : 몸 전체가 흥분이 되어 있는 것 같습니다. 몸 전체가 따뜻하고 말이죠. 제가 항상 바라던 곳인 것 같아요. 정말 생기가 넘치는 것 같습니다.

저자 : 지금 무슨 일이 일어나고 있습니까?

Joe : 저는 위층에 있습니다. 온통 다 방이네요. 이쪽 편에는 많은 방들이 있는데 문이 잠겨 있습니다. 어찌된 일인지 방문 뒤에 뭐가 있는지 알 것 같아요. 이 방들은 다른 시대의 방들처럼 보입니다. 오래된 가구들이 있고 동양의 카펫이 깔려 있네요. 모든 게 다 깨끗하고 정돈이 되어 있습니다. 이 방들에 많이 들어가 본 것 같다는 이상한 느낌이 들어요. 어떻게 설명해야 할지 모르겠는데 그냥 이상한 느낌입니다. 방에 다가서면 몸이 온통 얼얼한 느낌이 들어요.

저자 : 거기에 사람들이 있습니까?

Joe : 아니요, 사람들은 보이지 않습니다. 사람들이 있는 곳이 아니란 느낌이 들어요.(침묵)

저자 : 지금 무슨 일이 일어나고 있습니까?

Joe : (잠시 침묵이 계속되다가) 저는 지금 다른 방들에 들어와 있습니다. 여기는 사람이 사는 방인 것처럼 보입니다. 저는 부엌에 있습니다. 방금 잔뜩 식사를 한 것 같은 느낌이 듭니다. 부엌에 있으면서 제가 좋아하는 음식 냄새까지도 맡을 수가 있어요…. (침묵) 저는 지금….

저자 : 지금 무슨 일이 일어났습니까?

Joe : 제가 지금 어디에 있는지를 말하는 것을 거부하고 있습니다.

좋아요. 얘기하자면, 저는 젊은 여성과 함께 침대 위에 있습니다. 거기에 있고 싶은 마음이 굴뚝 같긴 한데, 죄책감을 좀 느낍니다. 그녀는 저하고 성관계를 가지고 싶어하고 있고 저는 망설이고 있습니다. 제가 그녀에게 "나를 사랑하지 말아요. 나는 당신이 원하는 것을 줄 수가 없어요"라고 이야기 합니다. 아주 기분이 좋지가 않네요. 정말 겁이 납니다. 몸이 떨리는 것이 느껴집니다. 떨립니다. 제가 그녀를 사랑하면 일어나게 될 일들이 두렵습니다. 거기에서 갑자기 멈춥니다. 지금 저는 다른 부엌에 들어와 있습니다. 알람이 울리고 있네요. 벽 쪽에는 가스레인지가 있고, 불이 너무 뜨거워지면 울리는 알람이 달려 있습니다. 지금 알람이 울리고 있고, 저는 가스레인지를 끄려고 하고 있습니다. (그는 손과 팔을 움직여 가스레인지를 끄려 하고 있다) 그런데 불을 끌 수가 없어요…. 지금은 다른 방인 것 같습니다. 저는 지금 방에 있는 것들을 몸으로 막고 있는 것 같아요. 기억을 더듬어 보니 어렸을 때 이 방들에 들어간 적이 있는 것 같아요. 새 집에 이런 방들이 있다니 참 신기합니다. 이 방들은 제가 어렸을 때 자란 방들이고 제가 참 좋아하던 방들입니다.

저자 : 이 방들에 대해서 어떻게 느끼세요?

Joe : 아주 좋은 느낌이 듭니다. 이 방들을 발견해서 정말 기쁩니다….(침묵) 지금 저는 큰 방에 다시 돌아왔습니다. 이 방이 정말 맘에 들어요. 꼭 궁전 같거든요. 지금 방을 어떻게 꾸밀까 하고 생각하고 있어요. 이 방에서 좋은 일들이 많이 일어날 것 같아요. (미소를 짓는다) 이제 집을 나왔습니다. 옆집하고의 거리가 너무 가까워서 놀랐습니다. 그리고 어찌된 영문인지는 모르겠는데, 밖에서 이 방들을 바라보고 있습니다. 갑자기 집 근처에 교회가 보입니다. 그런데 그게 동양의 사원처럼 보여

서 좀 놀라고 있습니다. 그러고 나서 몸이 하늘로 올라가는 듯
한 느낌이 듭니다. 꿈은 여기에서 끝이 납니다. (웃으며)

꿈 작업 이후로 Joe는 자기 안에 가지고 있는 이미지들과 감정들을 표현
하기 시작했다. 흥분을 감추지 못하며 오랫동안 부인해 왔던 자신의 일면
들에 다시 생명을 불어넣고 있었다.

나중에 들은 이야기이지만, Joe는 가스레인지의 불로 상징되던 성적 욕
구가 자신을 파괴할 만한 것은 아니라는 것을 알았다. 그리고 자신의 성욕
을 인정하게 되면서, 다른 사람들—특히 자신의 아내—에게 새로이 친근감
을 느끼게 되었다. Joe는 놀라울 만큼 빠른 속도로 자신의 행동과 생활방
식에 대한 접촉을 확대해 갔다.

Joe는 꿈속에 등장한 많은 방들에 큰 관심을 보였다. 그는 스스로 이 방
들을 탐험해 보기로 굳게 결심을 하며 목회임상교육 프로그램을 끝마쳤다.
게슈탈트 작업에 참여하는 동안 Joe는 회피하려 하지 않고 적극적으로 작
업에 몰두하였다. 마치 꿈속의 거미줄을 제거하듯이 자기 자신의 새로운
부분들과 접촉해 갔다. 그는 꿈과 현실 모두에서, 낡은 집과 새집 사이의
연관성을 깨닫기 시작했다.

Joe에게 있어서 가장 중요한 것은 꿈속에 등장하는 커다란 방이었다. 그
는 이것을 '자기 자신'—존재의 핵심—과 동일시하게 되었다. 그는 이 방이
멋진 방이라고 이야기하였으며, 자신은 물론 남들까지도 놀라게 할 만큼
독창적인 방식으로 방을 꾸며가기 시작했다.

목회자의 관점에서 볼 때, Joe는 영적인 성장을 경험하고 있었다고 할
수 있다. 그는 자기 안에 있는 영혼과 접촉하여 그것의 성장을 허락하기
시작했다. 꿈 작업에서 보여준 Joe의 적극적인 자세는 그의 영적 성장에

박차를 가했다. 다시 이야기하지만, 다른 상담 접근법들과는 달리 게슈탈트 접근법에서는 단순히 꿈에 관해 논하지도 분석하지도 않는다. 현재의 시점에서 꿈을 재현하고 경험하는 것이다. 그래야만 통합을 성취할 수 있으며, 존재의 총체적인 성장을 도울 수가 있는 것이다.

1장의 말미에서 저자는 어떻게 하면 사람들의 영적 성장을 도울 수 있을 것인가라는 질문에 대답을 하겠다고 밝힌 바 있다. 본 장에서는 게슈탈트 접근법을 바탕으로 하여 이 질문에 대한 대답을 제시하고자 한다. 저자는 지금까지 게슈탈트 접근법이 인간의 경험을 어떻게 바라보며, 구체적인 이론적 배경은 무엇이고, 목회자들이 게슈탈트 접근법을 몸소 체험할 때 어떠한 경험을 하는가를 보여주고자 하였다. 독자들이 게슈탈트 접근법의 전경/배경 형성을 명확하게 이해하고 있기를 바란다.

목회상담에 있어서 어떤 접근법이 유용한지의 여부는 그 접근법을 통해 성취된 결과가 어떠한가에 달려 있다. 예수의 말씀 가운데에도 "너희는 그들의 열매로 그들을 알게 되리니"라는 말이 있다(마태복음 7장 16절). 전장에 이어서 Joe Jones 목사에 대한 이야기를 좀 더 해보기로 하자.

배경

Joe는 자기 자신에 대한 커다란 알아차림을 얻었으며, 자신과 신자들 사이에 새로운 관계가 발전되기 시작하였음을 발견하였다. 점점 더 많은 사람들이 Joe를 만나 자신의 삶에서 일어나고 있는 일들에 관해 이야기하기를 원했다. Mary도 그러한 사람들 중의 한 명이었다. Mary는 커다란 어려움에 봉착해 있었다. 한때는 교회활동에 대단히 적극적이었으나, 지난해부터는 그렇지 않았다.

Mary는 2주일 전에 상담을 받으러 Joe를 찾아왔다. Joe는 다소 확신이 서지 않아 주로 Mary의 이야기를 듣고만 있었다. 게슈탈트를 체험하기 전의 Joe였다면, 곧바로 Mary의 어디가 잘못되었는가를 찾아내어 무엇이 옳고 무엇이 잘못된 것인가를 설교하려 하였을 것이다. 하지만 지금의 Joe는 자기 앞에 있는 사람을 충분히 이해하는 데에 집중하였다. 그녀에게 무슨 일이 일어났던 것인가? 그녀는 무엇을 느끼고 있었는가? 그녀는 어떻게 반응하고 있었는가? 그녀는 내면에서 상황을 어떻게 경험하고 있었는가?

Joe는 그가 아직 교회에 부임하기 전인 3년 전쯤에 Mary가 큰 교통사고를 당했으며, 그것이 Mary의 삶을 송두리째 바꾸어 놓았다는 것을 알게 되었다. Mary는 교회가 후원하는 활동에 청년들을 데리고 갔었는데, 그만 돌아오는 길에 사고가 난 것이었다. 척추를 심하게 다친 Mary는 오랫동안 입원생활을 해야만 했으며, 그로 인해 직장을 잃고 말았다. 건강을 회복한 후 그녀가 얻을 수 있었던 유일한 직장은 예전보다 봉급도 적었고, 업무도 그녀가 싫어하는 일이었다. 게다가 그녀는 끊임없이 허리 통증에 시달렸고, 이로 인해 기회가 있어도 원래의 직장에 돌아갈 수가 없었다. Joe는 그녀가 우울과 분노를 경험하고 있다고 느꼈지만, 그녀는 애써 강한 척을 하며 이를 감추려 하고 있는 듯이 보였다. Joe는 첫 회기의 말미에 이것에 관해 이야기를 꺼냈다. 그녀는 뭔가 읽을 것을 소개해 달라고 부탁을 하였고, Joe는 Bill Miller 목사의 무엇이 기독교인들을 병들게 하는가?를 빌려 주었다.

Mary가 돌아간 후, Joe는 자기가 왜 그녀에게 이 책을 빌려주었는지를 곰곰이 생각해 보았다. 그는 이 책이 그녀가 자신의 감정을 받아들이는 데 도움이 되기를 기대하였다. Joe 자신도 이 책을 읽고 자기의 감정을 받아들이는 데 도움이 되었기 때문이었다. 이 책에서 Miller 목사는 우리가 자신의 감정을 표현하는 것을 두려워하는 경향이 있다고 지적했다.

> 예를 들어 당신이 분노의 감정을 경험하고 있으며, 이것을 사람들 앞에서 말로 표현한다고 하자. 사람들은 당신에게 자제력이 부족하다고 이야기할 것이며 감정을 가라앉히라고 충고할 것이다. 당신이 슬픔과 비통함을 느끼고 있고 사람들 앞에서 울음을 터뜨리며 이 감정을 표현한다고 하자. 이것은 자제력이 부족함을 드러내는 것이며(남성의 경우라면 더욱 그러할 것이다), 사람들은 당신에게 진정하라고 이야기할 것이다.[1]

Joe는 이것이 자신은 물론 다른 사람들에게도 적용되는 것이라는 것을 알았다. 그는 게슈탈트 작업을 통해 더욱 많은 감정을 표현하도록 스스로를 허락하였으며, 목회상담을 할 때에도 그러해야 한다고 여겼다. 이것은 Joe에게 다음과 같은 두 가지를 의미하였다. 하나는 자신의 종교적 신념을 수정해야 한다는 것이고, 다른 하나는 인간의 행동에 대한 생각을 바꿔야 한다는 것이었다.

---

1) William A. Miller, *Why do Christians Break Down?* (Minneapolis : Augsburg Publishing Co., 1973), p. 36.

Joe의 종교적 신념에 의하면, 예수는 인간적인 감정을 가지고 있지 않은 사람이었다. 그는 예수가 항상 미소 짓고 좋은 말만 하는 따뜻하고 자애로운 사람이며 어떠한 일에도 결코 화를 내지 않을 것이라는 이미지를 가지고 있었다. 그러나 근래 들어 Joe는 예수가 성전에서 돈 바꾸는 사람들에게 역노하며 꾸짖으시고(요한복음 2장 13-16절), 예루살렘을 보고 진실된 눈물을 흘리셨다는 것(누가복음 19장 41절)을 알게 되었다. 이것이야말로 예수를 인간적인 존재로 만드는 것이며, 동시에 우리를 인간적인 인간으로 만드는 것이다. 만약 하느님이 진정으로 우리를 사랑하신다면 사랑뿐 아니라 분노까지도 받아주실 수 있을 것이다.

일찍이 심리학을 공부할 때부터 Joe는 사람들 앞에서 감정을 표현하는 것이 '감정표출'이며, 바람직하지 않다고 여겨왔다. 제대로 된 사람이라면 자리에 앉아 차분히 이성적으로 생각해야 한다고 믿어왔기 때문이다. 그는 분석적인 사람이 되도록 교육을 받았으며, 사실이 감정보다 중요하다고 생각해 왔다. Joe는 이것이 자신에게는 맞지 않는다는 것을 알았다. 그리고 자신이 경험하는 모든 것들과 접촉하도록 스스로를 허락하는 것이 인간다움과 진실함을 얻을 수 있는 유일한 길임을 깨달았다. 이것은 '본능적으로 우러나오는 것' 속으로 들어가야 함을 의미한다. 이것은 가슴에서 나오는 것이지 머리에서 나오는 것이 아니다.

Mary는 첫 번째 상담회기를 끝내고 문을 나서다 돌아서서 Joe에게 "때로는 내가 겪은 고통 때문에 하느님에게 화가 나곤 해요"라고 말했다. 그리고는 Joe가 대꾸를 할 여유도 없이 서둘러 복도를 빠져나갔다.

며칠 후 Mary는 Joe와 다시 상담약속을 잡았고, Joe는 Mary가 처한 상황에 대해 자신이 얼마나 알고 있는지를 되짚어 보며 회기를 준비했다(예전 같았으면 상담회기에 이런 식으로 신경을 쓰지는 않았을 것이다). 첫 번째 회기를 곰곰이 되짚어보면서 드는 생각은 자신이 '목회상담답게' 상담을 하였는가에 관한 의문이었다. 그도 그럴 것이, 회기 중에 종교적인 문제를 언급하거나 종교적 관점에서 방향을 제시한 것도 아니었고, 회기를 끝내면서 기도도 하지 않았기 때문이다. Joe가 진행한 회기에서 목회상담다운 면을 보여주는 것은 무엇인가? 또한 Mary가 얘기한 내용들을 가지고 게슈탈트 작업을 했어야 하는 것은 아닌가? Joe는 문득 자신이, Fritz의 용어를 빌려 말하자면, 사전연습을 하고 있다는 것을 깨닫게 되었다. 그것이 잘못되었다는 것은 아니지만, 실제 회기 중에 내담자와의 진실한 만남을 방해해서는 안 된다.

상담회기

Mary가 Joe의 상담실을 찾아 왔을 때, 이전보다는 조금 더 편안해 보였다. Mary는 상담을 무척이나 원하고 있었고, 스스로 대화를 시작했다.

Mary : 목사님이 빌려주신 책들을 전부 읽어봤어요. 그런데 좀 더 있다가 돌려드려야 할 것 같아요. 다시 읽어보고 싶은 부분이 좀 있거든요. 정말 좋았어요. (진심으로 좋아하는 듯이 보인다)

Joe : 마음에 들었다니 저도 기쁘네요.

Mary : 네, 게다가 이번 주 들어서 기분이 훨씬 좋아졌고 책 읽는 것도 한결 좋아졌어요. 보통 때는 종교 서적에 그다지 관심이 없었지만, (웃으면서) 이번엔 확실히 다르네요.

Joe : (함께 웃으며) 그래요? 어떤 점이 다른가요?

Mary : 글쎄요, (망설이며) … 오해하지는 말고 들어주세요. 지금까지 교회 중심적으로 쓰인 것들을 많이 읽어봤지만 실제 생활과 크게 연관된다는 느낌은 들지 않았어요. 물론 그런 게 중요하지 않다거나 의미 없다는 말은 아녜요. 하지만 몇백 년 전에 성인들이 행했던 일에 관심을 갖는 사람이 얼마나 되겠어요? 정말이지. (좀 화가 난 목소리로)

Joe : 그렇군요. 제 생각도 좀 비슷해요. 적어도 부분적으로는 그렇게 생각해요.

Mary : 목사님도 그렇다구요? (놀란다)

Joe : 그래요. 높은 이상을 추구하는 게 좋지 않다는 얘기는 아니지만 우린 그저 인간일 뿐이잖아요. 더군다나 성인들이 모두 완벽한 건 아니었죠.

Mary : 완벽하지 않았다구요?

Joe : 그럼요, 성인들도 원래는 당신이나 나 같은 인간이었어요. 모두들 무수한 시련을 겪었죠.

Mary : (한참을 가만히 있다가) 그런데 왜 나한테 그런 책을 빌려주신 거죠?

Joe : 글쎄요, 뭔가 꼭 집어 말하기는 어렵지만, 당신한테 도움이 될 만한 내용들이 있어 보였어요. 당신이 거기서 어떤 내용들을 발견했는지 궁금하네요.

Mary : (조심스럽게 방안을 둘러보며) 그 책은 온통 분노에 대한 것뿐이더군요. Miller 박사는 분노가 나쁜 것만은 아니라고 하더군요. 지금까지 저는 항상 화내는 게 나쁘다고 배웠거든요. 정말로 나를 화나게 했던 건…. (다시 방안을 둘러본다. Mary가 오른손을 꼭 쥐고 있다는 것을 Joe가 알아차린다) 저자가 한 얘기는, 제가 보기에는 정말 그럴 듯했어요. (침묵)

Joe : (어떻게 하겠다는 생각 없이) 방금 얘기하는 동안 방 안을 힐끔거리시는 것을 보았습니다. 그리고 오른손으로 주먹을 쥐는 것도 봤구요. 방금 전에 뭔가 화나는 일이 있었나요?

Mary : (재빨리 쥐었던 주먹을 펴면서) 아셨군요. (침묵) 정말로 듣고 싶으세요? (점차 초조해지고 있다)

Joe : 그럼요, 얘기해주고 싶으시다면. (앉은 자리에서 몸을 살짝 앞으로 기울인다)

Mary : 음, 교회와 관련된 얘기인데….

Joe : 괜찮아요, … 얘기해 보세요.

Mary : (아까보다 큰 목소리로 얘기한다) 좋아요. 아마 선생님은 제가 요즘 교회에 거의 안 나간다는 걸 이미 아셨을 거예요. 그건 교회에서 여성이 갖는 지위와 관련된 일이에요. (마치 재빨리 말해버리지 않으면 제어가 안 될 것처럼, 서둘러 말을 뱉는다) 어떤 문제를 말하는 게 아니에요, 아시겠지만, 전에 계시던 목사님은 정말이지 구식이었잖아요. 여자들이 차를 끓이고 꽃을 꽂는 건 당연하게 여기지만, 설교를 하거나 정말 중요한 위치에서 뭔가 기여하는 건 절대로 안 되죠. 그걸 생각하면 할수록 정말이지 점점 더 화가 날 뿐이에요. (Joe는 Mary가 다시 주먹을 쥐는 것을 바라본다) 제가 하고 싶은 얘기는 교회가 우리 여자들에 대해서는 조금도 신경을 써주지 않는다는 거예요. 교회에 가서 의자에 가만히 앉아 있다 보면, 남자들이 주도권을 잡는 걸 보고 더 화가 나게 돼요. 어떤 사람이 그런 상황에서 기도를 할 수 있겠어요? 결국 그런 날은 허리에 통증만 느끼고 어떤 때는 두통까지 겹쳐 그냥 하루가 끝나버리고 말죠. 교회가 왜 관심을 기울이지 않는지 전 이해할 수가 없어요.

Joe는 Mary의 눈가에 눈물이 맺히고 두 볼이 상기되어 있는 것을 알아차렸다. Mary는 매우 흥분해 있었고 다소 겁을 내고 있는 것 같았다. Joe는 차

라리 Mary가 책상 위에 있는 아무 물건이나 집어 들고 벽을 향해 던졌으면
하고 바랐다. Mary는 눈물을 감추려고 그랬는지 고개를 살짝 숙였다.

Joe : ("그만 진정하세요. 당신이 지금 얼마나 이성적이지 못한 태
도를 보이고 있는지 한번 보십시오" 혹은 "하지만 교회가 여
성들을 위해 정말 좋은 일도 하고 있잖아요"라고 말하던 예전
의 습관을 억누르고) 그런 일들에 신경을 쓰고 있는 건 당신
뿐인 것 같군요. (이쯤에서 Joe는 과감하게 나갈 필요가 있다
고 느꼈기 때문에 상당히 도발적으로 말을 꺼냈다)

Mary : (분노를 노골적으로 드러내며) 마치 나에게 책임이 있다거나,
혼자만 이상하게 반응한다는 말처럼 들리는군요. 아, 무슨 말
씀을 하고 계신 건지 저는 잘 모르겠어요. 제가 진짜로 느끼
고 있는 게 뭔지 얘기해 달라고 하실 줄 알았는데.

Joe : 지금은 어떤 느낌이 드나요? 지금 그 느낌을 표현해 볼 수 있
겠어요? (매우 단호한 어조로)

Mary : 그렇게 할 수 있을지 잘 모르겠네요. (침묵)

Joe : 그렇게 하지 않겠다는 뜻인가요?

Mary : 시도는 해볼 수 있겠죠.

Joe : 시도라구요?

Mary : (이번에는 쥐고 있던 주먹을 소파의 쿠션 위에 가볍게 내려친
다) 아, 해보고 싶어요, 정말 해보고 싶어요. (눈가에 눈물이
고여 있다)

Joe : 주먹으로 표현해 보도록 하죠. 저기 옆에 있는 쿠션에다가 주
먹이 하고 싶은 대로 하게 해보십시오.

Mary : (두 주먹을 쥐고 거의 폭발할 듯이) 어디 맛 좀 보라구요, 퍽,
퍽 … (대단히 세게 여러 차례 쿠션을 두들겨 방안이 먼지로
가득 찼다) 아, 어떨 땐 당신이 정말 싫어요, 싫다구요. (눈물

이 주루룩 떨어진다) 어떻게 나한테 이럴 수가 있어요? (온 힘을 다해 주먹으로 계속 쿠션을 내려친다) 아, 기분이 아주 좋아졌어, 아주 좋아….

Joe : 치고 있던 사람이 누군가요?

Mary : (망설임 없이) 혼 좀 나보세요… 아, 하느님이지 누구겠어요? (갑자기 멈춘다) 세상에, 내가 뭘 한 거죠? (소파에 파묻혀 하염없이 울기 시작한다)

Joe : 괜찮아요. (진심으로 애정 어린 목소리로)

Mary : 어떻게 괜찮다고 말할 수 있죠? (매우 화가 나서) 당신은 하느님의 사람이잖아요… 그런데 괜찮다구요? 내가 하느님을 저주해도 괜찮다고 말할 건가요? (전보다 더 울기 시작한다) (한참 시간이 흐른다)

Joe : (신을, 어쩌면 자신을 방어하려는 충동을 억누르며) 그래요, 정말 어려운 문제에요, 당신도 그렇게 생각하죠? (침묵)

Mary : (티슈로 눈물을 닦는다. 아까보다 진정되어 보이며 두 손은 펼쳐져 있다) 아, 정말 미안해요. 정말이지 미안해요….

Joe : 뭐가 미안하다는 건가요?

Mary : 글쎄요, 전…. (침묵)

Joe : (강한 어조로) 하느님한테 화를 냈다고 해서 당신이 나쁘다고 생각하는 건가요?

Mary : 글쎄요, 저희 아버지라면 제가 한 행동을 보고 정말 충격을 받으셨을 거예요. 분명 저의 그런 행동의 대가로 지옥 불에 떨어질 거라고 말씀하셨을 걸요.

Joe : 당신 아버지가 어떻게 생각할 것 같은지 물어본 게 아닙니다. 당신이 자신의 행동에 대해 어떻게 생각하는지를 물어본 것이죠.

Mary : 아, 맞아요. 하지만 저희 아버지는―.

Joe : (가로 막으며) 당신 아버지가 저쪽 의자에 앉아있다고 생각해
보죠. (소파 옆에 있는 의자를 가리키며) 이제 아버지에게 얘
기해 보세요.

Mary : 네? 잘 이해가 안 가는데요.

Joe : 당신의 아버지가 저쪽 의자에 앉아 있다고 생각해보십시오.
최대한 그럴 듯하게 그려요. 저기 아버지가 앉아 있는 게
그려지나요?

Mary : 네.

Joe : 아버지가 어떻게 보이는지 말씀해 주십시오.

Mary : 그러니까, 아버지는 체구가 좀 큰 분이세요. 제가 십대일 적
모습을 하고 계세요. 콧수염을 길게 기르고 있고 몹시 진지해
보이세요. 그리고 저를 보고 얼굴을 찡그리고 계세요.

Joe : 좋아요, 아버지에게 뭔가 얘기하고 싶은 게 있나요?

Mary : 잘 모르겠어요….

Joe : 좋아요, 그럼 아버지가 당신에게 뭐라고 얘기하고 있나요? 좀
전에 하느님을 두들겨 줬잖아요! 아버지가 기뻐하시나요, 아
니면 어떤가요?

Mary : 아, 아니에요, 그것 때문에 찡그리고 계신 걸요. 저 때문에 몹
시 언짢아하고 계세요.

Joe : 됐어요. 그럼 이제 이렇게 해보죠. 저쪽으로 가서 의자에 앉
아보세요. (Mary가 의자 쪽으로 다가가 잠시 멈칫한 뒤 의자
에 앉는다) 이제 당신은 당신 아버지가 되는 거예요. 그리고
Mary에게 얘기하는 거예요. 자신의 딸이 좀전에 하느님을 모
독한 것에 대해 어떻게 생각하는지 딸에게 얘기해 주세요.

Mary : (아버지의 입장에서) Mary, 나는 도무지 믿을 수가 없구나. 나
와 네 엄마는 너를 착하고 신앙심 깊은 아이로 키워왔단다.
늘 기도하고 하느님을 사랑하라고 가르쳐왔는데, 아, 부끄럽

구나, 부끄러워, 부끄러워….

Joe : 이쪽으로 다시 와서 아버지에게 대답을 해보세요.

Mary : (소파로 다시 돌아와서) 아빠, 어떻게 제게 그런 말씀을 하실 수 있나요? 어떤 때는 아빠가 정말 저를 걱정해주는 건지도 모르겠어요. 아빠는 단지 아빠 생각을 뒤집는 게 싫었던 거구, 자기가 남들한테 나쁘게 보일까봐 걱정한 것뿐이잖아요. (스스로 건너편 의자로 옮겨간다)

Mary : (아버지 입장에서) 그런 식으로 대꾸하지 마! 나는 이 집의 가장이야, 가장이라구! (매우 강한 어조로) 너는 하느님에 대한 존경심만 없는 게 아니라, 아버지인 나에 대한 존경심도 없구나. 그런 식으로 굴면 지옥 불에서 벌 받게 될 거다! (아주 크고 강한 목소리로) 지옥에서 불타는 벌을 받게 될 거라구!

Joe : 됐어요, 이제 자리로 돌아오세요. Mary가 되어 보십시오.

Mary : (Mary의 입장에서) 아, (매우 힘없는 목소리로)… 아빠한테 뭐라고 해야 할지 잘 모르겠어요.

Joe : 그럼 아버지에게 그 말을 하십시오.

Mary : (조금은 단호하게 의자 쪽을 똑바로 쳐다보면서) 아빠, 뭐라고 말씀드려야 할지 잘 모르겠어요. 전 아빠를 정말 사랑해요. (조금씩 흐느끼며) 저는 아빠한테 다가가고 싶어요… 아빠가 필요해요… 그리고 제가 다가가려고 하는데… 아빠는… 저를 밀어내고, 지옥에나 가라고 하고… 정말이지 뭐라고 얘기해야 할지 모르겠어요… (침묵). (무엇인가 생각하는 것처럼 보인다) 잠시만요. 맞아요. 아빠한테 정말로 하고 싶은 말이 있어요. (머리를 들고 숨을 깊게 들이쉬고 난 뒤 더 단호한 목소리로 말한다) 아빠는 정말로 저를 화나게 해요! 아빠가 저한테 어떤 아버지였는지 아세요?! 게다가 늘 저한테 하시던 설교 나부랭이를 저는 믿지 않아요. 그래요! 네, 저는 하느님한테 화를 냈다고 해서 지옥에 떨어질 거라고는 생각 안 해요! 대체 어떤 하느님이 그렇게 한다는 건가요? 아뇨, 그런 일은 일어나지 않을 거예요! 아버지의 하느님은 그럴지 몰라도, 제 하느님은 아녜요! (반항적으로)

Joe : 이번에는 아버지가 되어서 거기에 대해 대답해 볼까요?

Mary : (멈칫하다가) 거기에 대해 아빠가 뭐라고 대답하실지 잘 모르겠어요. 아마 멈칫하고 물러서겠죠. 이제는 그다지 아빠가 무섭지 않아요. 심지어 왜소해 보이기까지 하는 걸요. (미소 짓는다) (침묵) 계속하길 바라세요? (갑자기 Mary가 몹시 피곤해 보인다)

Joe : 아뇨. 여기서 그만 하도록 하죠. 여기서 멈추는 것이 좋겠습니까?

Mary : 네, 그래요. 정말 그래요.

Joe : 오늘 정말 많은 것을 하셨습니다.

Mary : 그래요….

Joe : 아버지와 하느님에게 느꼈던 분노를 표현한 것은 정말 큰 성과입니다. 지금 어떤 기분인지 얘기해 보시겠습니까?

Mary : 긴장이 풀린 것 같아요. 네, 정말 편안하고, 낯선 느낌이 드네요.

Joe : 낯설다. 그 느낌을 좀 더 느껴볼 수 있겠습니까?

Mary : 낯설다는 느낌말인가요?

Joe : 네.

Mary : 음, 시도해보죠.

Joe : 시도?

Mary : (미소 지으며) 알았어요. 그 느낌은… 따끔거려요. 맞아요, 바로 그거예요. 따끔따끔해요. 온 몸 전체로 퍼져나가고 있어요… 마치 내가 살아나는 것처럼. 그래요, 바로 그거예요. 살아있다는, 살아있다는 느낌이요!

Joe : 그 느낌에 머물러 보세요. (침묵)

Mary : 예전에 어렸을 때 이런 느낌을 가졌던 게 생각나요…. 너무나 자유롭고… 살아있는 느낌. 마치 해를 거듭할수록 점점 죽어 갔던 것 같아요. 그러다가 그때 사고를 당했을 때는 정말 최악 이었죠. 저는 하느님에게 화가 나 있다는 사실도 깨닫지 못했 던 것 같아요. 아시다시피, 저도 믿을 수가 없어요. 저는 지금 바로 여기에 앉아서 하느님한테 화풀이를 했어요. 부끄러워해 야 할 일이죠. (이 말을 하면서 얼굴에 엷은 미소를 짓는다)

Joe : 방금 얘기할 때 살짝 웃는 게 보이던데요. (미소를 지어 보인다)

Mary : (아까보다 더 환하게 웃으며) 하지만 이전까지는 한 번도 그 렇게 생각해 본 적 없었어요. 보세요, 여기서 제가 하느님을 흠씬 때려주긴 했지만 그건 목사님이 그렇게 만든 거예요. (더 활짝 웃어 보인다)

Joe : 하느님에 대해 새로운 걸 알게 된 모양이군요. (Mary가 긍정 의 뜻으로 고개를 끄덕인다) 그리고 하느님은 다 이해해 주실 것입니다. (웃는다)

Mary : 아, 솔직히, (웃으며) 제가 화가 났던 건 여성의 권리문제 때 문이 아니었어요. 물론 거기에 문제가 없다는 얘기는 아니지 만요. 거기에다가 화를 낼 수도 있었지만, 정말 화가 났던 건 그게 아닌 것 같아요. 이건 정말이지 한 번도 생각해 보지 못 했구요, 처음 깨달은 거예요. (기쁨에 차 웃는다)

Joe : 그 점에 대해서는 저도 정말 기쁩니다. (웃는다)

Mary : 이런 건 정말 제게 완전히 새로운 경험이예요. 이렇게 해본 적이 정말 한 번도 없었거든요. (잠시 멈춘 뒤) 그렇게 할 수 있어서 정말 기뻐요. 항상 상담이 어떤 건지 궁금했는데, 이 젠 정말 알 것 같아요. 혹시 알아요? 이제는 일요일마다 제가 교회에 나가게 될지. (장난스럽게 웃는다)

Joe :   아직도 교회에 가면 허리 통증이 생기는지 한번 확인해 보지 그래요? (두 사람 다 마음껏 웃는다)

Joe :   하지만 이건 진심으로 하는 얘기인데, 나와 얘기하러 앞으로 좀 더 들러줬으면 해요. 제가 보기엔 이제 막 중요한 것들을 알기 시작한 단계라, 아직 당신과 더 상담할 것들이 남아있어요.

Mary :   맞는 말씀이에요. 다음 주 같은 시간에 뵀으면 해요. 저도 언젠가는 이런 게 필요할 거라 생각해왔거든요. 교회에서 이렇게 발견하게 될 줄은 정말 몰랐지만 말이에요.

분석

Joe Jones 목사의 목회상담 사례를 비판적으로 살펴보자. 우선 Joe 자신이 제기한 문제—Joe가 진행한 회기에서 목회상담다운 면을 보여주는 것은 무엇인가?—부터 다루어 보자. Joe는 회기 중에 기도를 하지도 않았고, 내담자에게 종교적 관점에서 방향제시를 해준 것도 아니었기 때문에, 언뜻 보면 그다지 목회상담답지 못한 회기였다고 단정하기 쉽다.

이것과 관련하여, 역할과 기능 사이의 근본적인 차이에 관해 생각해 보는 것이 좋을 듯싶다. 역할은 우리의 정체성—의사, 변호사, 목회자 등—과 관련된 것이다. 그리고 기능은 우리가 실제로 하는 일을 의미한다. 선행연구에 의하면, 똑같은 훈련을 받은 목회상담자와 일반상담자는 거의 동일한 방식으로 상담을 진행한다고 한다. 이것은 목회상담자와 일반상담자가 똑같다는 것을 의미하는가? 그렇지 않다. 양자 사이에 차이를 만들어 내는 것은 그들의 역할이다. Joe는 **목회자**이다. 이것은 타인이 Joe를 바라보는 방식에 크게 영향을 미친다. 교회 신자들의 경우에는 더욱 그렇다. 예를 들어 목회상담자가 던지는 단순한 위로의 말 한마디가 가지는 무게는 일반상담자가 같은 말을 했을 때와는 비교가 되지 않는다.

또한 '하느님에 대한 이야기'를 해야만 목회상담다운 상담이라는 오래된 미신을 버릴 필요가 있다. 이런 의미에서 목회상담은 Hulme와 같은 목회 신학자가 언급하였듯이 이제 '성숙의 단계'에 이르렀다고 할 수 있겠다.[2] 전통적인 신학용어를 사용하는 것이 적절한 경우도 있지만, 목회상담자와 내담자의 관계 및 상호작용의 역동이라는 맥락에 어긋나서는 안 된다. Joe 는 미리 정해진 카테고리에 내담자의 문제를 밀어 넣고 미리 정해진 방식으로 상담을 진행하기보다는, 현재의 상황이 어떠한가를 곰곰이 생각하는 일부터 시작했다. 과거에는 하느님에 관한 이야기를 통해 내담자와 의사소통을 하는 일이 많았지만, 오늘날의 목회상담자 중에 그런 식으로 상담을 진행하는 사람은 소수에 불과하다. 오늘날 통용되고 있는 목회상담 접근법은 종교적이라기보다는 심리학적인 성격을 띠고 있다. 목회상담자는 내담자가 사용하는 '언어'에 귀를 기울여, 내담자의 언어로 의사소통을 해야 한다. 종교를 잘 알지 못하는 내담자에게 '하느님에 대한 이야기'를 하는 것은 내담자와의 의사소통을 포기하는 것과 같다.

보다 간단하게 이야기하자면, 이제 더 이상 종교적인 언어를 사용하는 것이 목회상담의 두드러진 특징이라고 이야기할 수 없다. 상담 중에 종교적인 용어를 사용하면서도 전혀 목회상담답지 않은 상담이 진행되는 경우도 실제로 있을 수 있다. 이와는 반대로, 전통적인 종교용어를 전혀 사용하지 않으면서도 참으로 목회상담다운 상담이 진행되는 경우도 있을 수 있다. 그러한 이유들 중의 한 가지는 의사소통이 언어적인 수준을 넘어서서 일어난다는 것이다. 대화는 단어들로 구성되지만, 단어 이상의 차원이 존

---

2) William E. Hulme, *Pastoral Care Come of Age* (New York : Abingdon Press, 1970).

재한다. 게슈탈트 접근법이 유용한 이유는 의사소통의 비언어적 요소들을 강조한다는 점에서 찾을 수 있다. Joe Jones 목사와 Mary의 상담회기에서, Mary가 아직 자기 안의 분노를 언어로 표현하지 못하고 있을 때에 그녀의 분노를 전달해준 것은 굳게 쥔 주먹이었다.

의사소통의 또 한 가지 차원은 목회자의 태도이다. 입으로는 사랑과 수용을 이야기하면서, 태도−비언어적 행동−로는 비판적인 자세를 보일 수도 있다. 목회자가 행동과 태도를 통해 사랑을 보여줄 수 없다면, 신자들에게 사랑이 전달되지 않아도 이상할 것이 없다. 목회상담자가 입으로 유창하게 위안과 신의 사랑에 관해 이야기하더라도, 그 사랑이 목회상담자의 태도에 나타나 있지 않다면, 내담자에게 조금도 전달이 되지 않을 것이다.

목회상담이 '성숙의 단계'에 도달했음을 알려주는 중요한 단서로서 말 속에−심지어 하느님에 대한 이야기 속에도−마법의 힘이 존재하지 않는다는 인식이 생겨난 것을 들 수 있다. 말은 의사소통을 위한 놀라운 수단이지만 마법은 아니다. 성찬을 비롯하여 다른 어떤 종교의 표상에도 마법의 힘은 존재하지 않는다. 그것은 인간의 삶이라고 하는 현실을 상징하고 축복하기 위한 것이며, 인간의 삶과 동떨어져서는 그저 공허할 뿐이다. 종교란 인간의 삶에서 비롯된 것이며, 결국에는 다시 인간의 삶과 관련이 되어야만 한다.

교회를 다니는 것이 Mary가 자신의 삶의 경험들을 축복하는 것을 도울 수 있는 날이 오기를 기대한다. Mary는 다시 성찬을 받고 그 안에서 자기만의 의미를 발견하는 것으로부터 출발할 수 있을 것이다. Joe 목사와의 상담 관계에서 전통적인 '영적 대화'가 보다 많이 이루어지게 될지도 모른다. 하지만 이것은 그녀의 필요−그녀가 경험하고 있는 삶과의 투쟁과 그것의 의미−와 부합해야 한다.

지금까지 언급한 것들은 Joe가 '하느님에 대한 이야기'를 꺼내지 말아야 함을 의미하는 것은 아니다. 이것은 Mary와의 관계의 역동 속에서 이야기 되어야 한다. Mary가 '종교적인 것'을 원하지 않았다면, 애초부터 목회자를 찾아와 상담을 받으려고 하지 않았을 것이다. 전통적인 종교적 어휘와 표상이 목회자가 가진 가장 강력한 자원이라는 사실에는 의심의 여지가 없다.

Joe의 상담기법을 좀 더 자세히 살펴보자. Joe는 게슈탈트 접근법을 얼마나 잘 사용하고 있는가? 그저 몇 가지 기법들을 회기 중에 사용하고 있는 것에 지나지 않는 것은 아닌가? Mary가 겪고 있는 역동의 핵심에 어떻게 대응하고 있는가?

우선은 Joe를 칭찬하면서 시작해도 좋다. Joe는 미리 정해진 조언과 답변을 제시하던 이전의 습관을 버리고, 자기 앞에 있는 사람을 제대로 '보려고' - 경청하고, 관찰하고, 내담자가 보이는 모습에 반응하려고 - 노력했다. 이러한 의미에서 Joe는 게슈탈트 접근법을 따랐다고 할 수 있다. 그는 '당신과 나, 지금 여기에서'의 입장을 취했다. 그리고 눈앞에 펼쳐지는 일들에 열린 자세로 대응하였으며, 심지어 흥분하기조차 하였다.

교회에서는 조언과 답변을 제시하는 것이 바람직한 경우가 분명히 존재한다. 하지만 내담자와의 관계에서 조언과 답변을 제시하려 하는 것은 바람직하지 못하다. 목회자로서의 기능이 내담자와의 관계 속에 부적절하게 혼입된다면, 내담자에게 도움을 주기 어렵다.

Joe는 비언어적 의사소통에도 주목하였다. 그는 내담자의 목소리의 톤, 눈물, 꼭 쥔 주먹을 관찰하였다. 그리고 적절한 방식으로 이것들을 내담자에게 환기시켰다.

이를 위해 상담자는 상당히 적극적인 태도를 취할 필요가 있다. 엄격하게 비지시적인 태도를 취하는 것만으로는 부족하다. 문제에 관해 이야기하는 것은 오히려 방해가 될 수도 있다. 어떠한 형태로든 내담자의 내면의 상태를 암시하는 징후(expression)가 나타난다면, 이것은 게슈탈트의 완결을 향한 움직임이라고 할 수 있으며, 상담자와 내담자 모두 이것에 주목해야 한다. 알아차림을 촉진하기 위해 상담자는 이러한 징후들에 내담자의 주의를 환기시켜야 하며, 내담자는 이러한 징후들에 주의를 집중해야 한다. 이렇게 하여 경험의 의미를 발견하는 과정이 시작된다. 예를 들면 Joe가 Mary의 주먹에 주의를 환기시킨 것은 보다 커다란 표현으로 이어지는 첫걸음이었다. Joe가 주먹에 주의를 환기시켰을 때, Mary는 즉시 주먹을 폈다. 즉 그녀가 보여준 최초의 반응은 부인이었던 것이다. 이후 Mary는 상당히 빠른 속도로 이 징후를 자기의 것으로 수용해 주었지만, 모든 내담자들이 다 이렇게 빨리 움직여 주는 것은 아니다. 만일 내담자의 움직임이 더디다면, 상담자는 끝까지 참을성 있게 기다려야 한다.

내담자의 주의를 이러한 징후들에 효과적으로 환기시키기 위한 방법과 시기가 미리 정해져 있는 것은 아니다. 다른 게슈탈트 작업과 마찬가지로 내담자와의 참신하고 자연스러운 상호작용을 발전시켜 나가는 것이 중요하다.

일단 징후가 나타나는 방식에 대한 알아차림이 생겨나게 되면, 게슈탈트 작업은 일반적으로 구별(differentiation)의 단계로 넘어간다. 이 단계에서의 목표는 지금껏 부인해 온 경험의 부분을 자기의 것으로 받아들일 수 있도록 도와주는 것이다. 예를 들면 Mary가 주먹을 쥠으로써 그동안 부인해 온 숨겨진 분노를 드러냈다. 그렇다면 어떻게 하면 분노를 자기의 것으로 받아들이도록 도울 수 있는가?

Mary는 우선 자신이 지금 하고 있는 것에 대해 보다 명확한 알아차림을 얻을 필요가 있다. 여기에는 Joe의 도움이 필요하다. 게슈탈트 접근법에서는 내담자가 지금껏 부인해 온 부분을 내담자 혼자의 힘으로는 자기 것으로 수용하지 못하고 있다고 전제한다. 이것이 바로 내담자가 상담을 받으러 오는 이유이다. 내담자들은 지금껏 혼자서는 할 수 없었던 일들에 대해 도움을 청하기 위해 상담자를 찾아오는 것이다. 게슈탈트 접근법에서는 실험이라고 불리는 기본 도구를 이용한다. 실험을 통해 자신이 어떠한 방식으로 자기의 경험을 부인해 왔는지에 대한 보다 명확한 알아차림을 얻을 수 있게 된다. 실험이란 '무엇을' '어떻게'―'왜'보다 중요하다―하고 있는가에 대한 보다 완전한 알아차림을 촉진하기 위한 활동들을 의미한다. 실험의 예로서, 행동을 과장하기, 신체의 부분들과 대화하기 등을 들 수 있다.

Joe는 구별의 단계에서 Mary를 효과적으로 도와주었는가? 저자의 견해로는 그저 그렇다. Joe는 Mary가 주먹을 쥐고 있는 것을 환기시킨 후 곧바로 다른 실험을 진행하였다. Joe가 진행한 실험은 주로 게슈탈트 작업의 마지막 단계―표현과 완결의 단계―에서 사용되는 것이었다. 그러나 성급하게 Joe를 비판해서는 안 된다. Joe가 사용한 기법은 꽤 효과적이었다. 이것은 Joe가 Mary와 보조를 잘 맞추었음을 의미한다. 게슈탈트 작업을 실시하는 절차에는 어느 정도 전형적인 패턴이 존재하기는 하지만, 이것이 반드시 따라야 할 규칙이라고 여겨서는 안 된다.

주먹에 주의를 환기시킨 뒤, Mary가 의식적으로 주먹을 쥐어 보도록 할 수도 있었을 것이다. 그리고 Mary에게 주먹을 쥐고 있는 것이 어떻게 느껴지는지를 물어보고, 있는 힘껏 주먹을 쥐어보게 하고, 모든 방법을 동원해서 그것을 완전하게 느껴보도록 하고, 무엇을 체험하였는지를 묘사하게 할 수도 있었을 것이다. 주먹에게 말을 걸거나, 주먹이 Mary에게 말을 하게 해볼 수도 있었을 것이다. Joe가 이러한 실험들을 제시하지 않았다는 이유로 Joe를 섣불리 비판해서는 안 된다. 그러나 게슈탈트 상담의 회기가 지나치게 성급하게 진행된다면, 미처 구별이 제대로 이루어지기도 전에, 이 제 막 떠오르기 시작한 알아차림의 명료성이 저하되고 말지도 모른다.

자신이 무엇을 어떻게 하고 있는가에 관한 알아차림이 일어나면, 내담자 는 이제 긍정(affirmation)의 단계로 넘어갈 준비가 되었다고 할 수 있다. 즉 구별된 부분들을 자기의 것으로 받아들여야 하는 것이다. 예를 들면 Joe는 Mary에게 힘주어 주먹을 쥐고 "나는 나의 주먹이다. 나는 화가 났다"라고 말해 보도록 제안해 볼 수도 있었을 것이다. Mary가 이를 힘없이 따라한다 면, 자신의 소리를 들을 수 있을 때까지 점점 강도를 높이면서 반복해서 말해 보라고 해볼 수도 있을 것이다. 어쩌면 Mary는 자발적으로 "나는 내 주먹이다. 나는 화가 났다. 나는 이렇게 주먹을 쥐고 하느님께 난 화를 억 누르고 있다"라고 덧붙였을지도 모른다. 이것은 Mary에게 있어서 진정한 알아차림의 경험('aha' experience)이라고 할 수 있을 것이며, 이를 통해 Mary는 더욱더 자발적인 표현을 향해 나아갈 수 있을 것이다. 이러한 알아 차림의 경험이 가져오는 것은 자신의 책임에 대한 자각이다. 이제 유기체 는 게슈탈트의 완성을 향해 나아갈 준비가 된 것이다.

게슈탈트 작업의 마지막 단계는 완결(closure)이다. 이것이 게슈탈트 작 업의 자연스러운 흐름이다. Mary와의 회기에서 Joe는 상당히 적극적으로 실험을 제안하여 Mary가 완결을 향해 나아가도록 도왔다. "주먹이 하고 싶 은 대로 하게 해 보십시오!"라고 강하게 요구함으로써 Mary는 자신이 신에 대해 분노를 느끼고 있음을 알아차리고 완결을 향해 나아갈 수 있었다. 이 런 형태의 실험은 Mary가 분노를 엉뚱한 것—예를 들면 교회에서의 여성 의 지위—에 투사하는 것을 중단하고, 자신이 정말 분노를 느끼고 있는 대 상이 무엇인가를 깨닫도록 도울 수 있다. 그래야만 완결에 도달할 수 있는 것이다. 만일 분노를 엉뚱한 것에 투사하는 것을 그만두지 않는다면, Mary

는 날마다 분노의 대상을 바꾸어가며 계속 분노를 경험하게 될 것이다.

이러한 과정은 대체로 대단히 복잡하다. 예를 들면 Mary는 신에 대한 분노뿐만 아니라 아버지에 대한 분노도 발견했다. 그녀의 분노의 근원은 뿌리가 깊다. 예시된 회기에서 그녀가 성취한 완결은 보다 큰 과정─많은 조각난 부분들의 통합을 위한 과정─의 일부로 간주해야 한다.

완결은 상담회기 안에서 일어날 수도 있고, 밖에서 이루어지기도 하며, 어떤 경우에는 양자가 합쳐져 일어나기도 한다. 게슈탈트가 떠오르고 완결되는 것은 자연스러운 과정이다. 자신의 행동에 대한 책임을 받아들일수록 게슈탈트를 적절한 방식으로 완결시키며, 자발적으로 사는 삶을 살 수 있게 된다.

각각의 게슈탈트 상담회기는 어떻게 보면 게슈탈트 그 자체이기도 하다. 예를 들어 Mary가 이번 회기에서 아버지에 대한 분노를 표출할 수 있었고, 회기가 끝났을 때에는 살아있다는 느낌을 경험했던 것은 Mary가 대단히 의미 있는 완결을 성취했다는 것을 뜻한다. 하지만 만약 Mary의 아버지가 아직 살아 계셨더라면, 아버지에게 분노를 표출할지 말지의 여부를 결정하고, 아버지와 어떤 관계를 맺을지를 선택해야 했을 것이다. 회기 안에서 완결이 이루어졌다고 해서 회기 밖에서는 완결을 이룰 필요가 없다는 것은 아니다.

게슈탈트 상담자는 상담회기가 내담자에게 유익하였는가의 여부를 어떻게 판단해야 하는가? Joe와 Mary의 사례의 경우, Mary가 살아있다는 느낌을 경험하였기 때문에 생산적인 회기였다고 할 수 있다. 그리고 Mary가 다음 회기에 Joe와 다시 만나기로 약속을 한 것도 성공적인 회기였음을 보여주는 증거라고 할 수 있다. Joe는 다음 회기에서도 열린 자세로 Mary의 문제를 다루어야 한다. Mary가 아버지에 대한 분노를 더욱 많이 표현하도록 돕는 실험을 준비하였지만 정작 다음 회기에 Mary가 가지고 오는 문제는 그것이 아닐 수도 있다. 만일 Joe가 그때그때 떠오르는 Mary의 게슈탈트에 초점을 맞추며, 그녀가 새로운 발견을 해 가는 과정을 흥분 속에 지켜볼 수 있다면, 상담이 Mary에게 도움을 줄 것이라고 낙관해도 좋다.

종교적인 관점에서 볼 때, Joe는 Mary와의 상담회기에서 대단히 중요한 무엇인가를 관찰하였다. 몸이 따끔거리고 살아있다는 감각을 느꼈다는 Mary의 이야기는 그녀가 생동감 넘치는 알아차림과 접촉하였음을, 살아있는 알아차림의 중심에서 Joe와 Mary가 접촉했다는 것을 의미하는 것이다. 이것이 바로 그녀의 영혼이다. 영혼의 성장을 통해 Mary는 신의 피조물로서의 자신의 잠재력을 키워나갈 수 있다.

영혼을 긍정하고 영혼이 성장하도록 보살피는 것이 목회자의 사명이다. Joe는 Mary를 1장에서 언급한 '영적인 존재'로 인도하고자 하고 있다. 목회자가 추구해야 할 목표는 사람들이 삶 속에서 진정한 생명력을 얻고 나아가 사람들과 사회 모두가 삶을 충만하게 경험할 수 있도록 돕는 것이다. 이러한 삶은 머리로만 살아가는 삶이 아니다. 우리가 가진 모든 인간적인 면들을 자기 것으로 받아들일 때에만 가능한 삶이다.

본서의 전반부에서 살펴본 것처럼, 목회자는 단지 사람들이 '자신의 감정과 접촉하는 것'을 돕는 데에만 관심을 가져서는 안 된다. 그것만으로도 칭찬할 만한 일이기는 하지만, 감정과 접촉하는 것 그 자체가 목적이 되어서는 안 된다. 더 큰 게슈탈트들이 존재하기 때문이다. 실제로 개인의 삶 전체가 하나의 게슈탈트라고 할 수 있다. 삶 전체라고 하는 커다란 게슈탈트는 출생과 함께 탄생하여 인생의 과정과 함께 진행되며, 죽음에 이르러 완성된다. 삶 전체라고 하는 게슈탈트의 대체적인 특성은 무엇인가? 신이 부여한 생득권인 인간성이라는 능력을 우리는 얼마나 자기 것으로 받아들

일 수 있을 것인가? 삶 속에서 완결시켜가는 게슈탈트들은 삶이라고 하는
보다 커다란 게슈탈트 완결에 기여할 것이다. 생명력 넘치는 알아차림과의
접촉을 늘려가는 것은 인간이 영적 성장에 한 걸음 더 가까이 다가가도록
도와준다. 자아(ego)를 초월하면 할수록, 자기(self)-존재의 배경-에 더
가까이 접근할 수 있다.

또한 Joe가 Mary와 함께 행한 게슈탈트 작업이 그녀의 영적 성장을 도울
수 있는 방법의 전부라고 여겨서도 안 된다. 교회는 인간의 영적 성장을
인도하는 많은 오래된 방법들을 가지고 있으며, 이것들을 간과해서는 안
된다. 중요한 것은 그러한 방법들이 효과가 있는가의 여부가 아니라-분명
히 효과가 있기는 하지만-그것들이 특정한 사람에게 적합한 것인지의 여
부이다. 이 사람은 그 방법들을 받아들일 준비가 되어 있는가? 이 사람이
그러한 방법들을 원하고 있는가? Joe는 Mary가 아버지에 대한 분노의 문제
를 해결하였을 때 상담을 중단하고, 어쩌면 교회에도 발길을 끊게 될 가능
성에 대해 준비를 해두어야 한다. 또한 Mary가 게슈탈트 작업을 영적 수양의
수단으로 이용하는 상황에 대해서도 준비를 해야 한다. Mary는 영적 성장을
성취하기 위해 전통적인 방법을 필요로 하지 않을지도 모르기 때문이다.

목회자로서의 Joe는 신자들과의 관계에서 남다른 입장에 놓여 있다고 할
수 있다. 게슈탈트 접근법은 최근 상담자와 내담자 간의 관계를 부쩍 강조
하고 있다. Yontef는 "관계적 게슈탈트 치료는 지지적이고 따뜻하고 공감
적인 태도를 보다 강조하는 쪽으로 변화하였다…"[3]라고 언급하였다. 상담
자의 이러한 태도는 목회자의 역할에 원래 포함된 것들이며, 목회상담에서
더없이 중요한 것들이다.

---

3) Gary Yontef, "Awareness, Dialogue and Process…" *The Gestalt Journal* (Highland, NY : The Center for Gestalt Development, Spring, 1999), pp. 9-20.

Joe는 한 사람의 인간으로서 어떻게 이 모든 것을 소화해낼 수 있을까? 한 가지 확실한 것은 Joe가 자신의 인간으로서의 성장과정을 넘어서는 수준까지 Mary의 성장에 기여할 수는 없을 것이라는 점이다. Joe는 기꺼이 위험을 감수하며 게슈탈트 집단에 참여하였기 때문에 자신의 인간적인 면을 받아들이는 것이 얼마나 어려운가를 잘 알고 있다. 또한 '머리로 살아가는 삶'이 삶의 전부가 아니라는 것도 알고 있다. 그는 인간적으로 산다는 것이 힘든 일이라는 것도 알고 있다. 목회자만이 겪는 어려움이 있지만, 보통 사람들만이 겪는 어려움도 있다. 우리가 가진 모든 인간적인 면들을 자기 것으로 받아들이는 것이야말로 우리가 성취해 나가야 할 영적 과업의 일부이다.

Joe는 돌아오는 일요일에 할 설교에 대해 생각하다가 설교의 제목을 '우리는 부족한 인간이다'라고 정했다. 그리고 창세기 3장 5절에서 간교한 뱀이 "그리하면 너희도 하느님과 같이 될 것이니…"라고 한 말을 설교에 사용하기로 하였다. 설교에 사용할 성서의 구절을 악마의 말에서 따오다니 좀 우스꽝스러워 보이기도 하다. 악마는 인간에게 신이 될 수 있다는 약속을 했다. 우리는 그저 인간일 필요가 없는 것이다!

Joe가 했던 설교의 내용을 8장에 제시한다.

제8장

✳ 우리는 부족한 인간이다

교재 : 창세기 3장 5절 "…그리하면 너희도 하느님과 같이 될 것이니…"

　오늘 이 자리에서 살펴보고자 하는 것을 말씀드리겠습니다. 여러분들과 저를 포함하여 우리는 하느님과 같이 되려고 노력을 하고 있지는 않습니까? 우리는 스스로가 인간적인 인간이 되는 것을 방해하고 있지는 않습니까? 우리는 부족한 인간이라는 우리의 참된 본성을 자기 것으로 받아들이지 못하고 스스로를 비참하게 만들고 있지는 않습니까? 제가 여러분들에게 이런 질문을 드리는 것은 제 스스로가 그러해 왔고, 제 주변의 다른 사람들도 그러한 것을 보아왔기 때문입니다.

　여러분, 오늘 설교를 위해 제가 선택한 성서의 구절에 대해 여러분들의 용서를 구하고 싶습니다. 하지만 저는 오늘의 설교를 위해 악마의 말을 선택하지 않을 수 없었습니다. 여러분들이 제가 고른 성서의 구절 속에 담긴 유머를 이해하실 수 있기를 바랍니다. 이것은 유혹입니다. 그렇지 않습니까? 우리가 하느님과 같이 될 수 있다는 말 속에는 분명히 우리를 유혹하는 무언가가 있습니다. 그리고 우리는 필요 이상으로 보다 하느님처럼 행동하려고 하는 때가 있습니다. 자신이 하느님인 것처럼 행동하는 것은 결국 인간으로서의 우리를 파멸로 이끌 것입니다.

우리가 언제 남자와 여자, 잘못을 저지르기 쉬운 인간이 아니라 하느님인 것처럼 행동하는지를 말씀드리겠습니다.

1. 우리가 성적 욕구를 가진 인간임을 부인할 때
2. 다른 사람이 오직 우리 자신만을 위해 존재한다고 생각할 때
3. 모든 것에 대한 해답을 가지고 있어야만 한다고 생각할 때
4. 인생이 뜻대로 되지 않는 것을 보고 우리의 책임을 인정하려고 하지 않을 때
5. 우리의 감정을 자기 자신에게, 그리고 타인에게 감추려고 할 때
6. 삶의 역경으로부터 배우기를 거부할 때
7. 다른 사람을 필요로 하면서 이를 인정하지 않을 때

1. 우리가 성적 욕구를 가진 인간임을 부인할 때. 아담과 이브가 벌거벗은 몸을 감춘 것은 우리가 여태까지 교회에서 너무도 자주 해 온 것이며, 집에 돌아가서도 너무도 자주 해 온 것을 대표하는 예라고 하겠습니다. 우리에게는 우리의 존재에 관한 기본적인 사실들을 자기 자신에게, 그리고 남에게 부인하고 감추는 경향이 있습니다. 불행하게도 이러한 태도는 교회에서 자주 나타났으며, 우리 인간이 가진 성적 욕구를 비하해 버리고 말았습니다. 오늘날 우리는 교회에서 성에 관한 균형잡힌 태도를 보는 일이 늘어나고 있습니다. 하지만 아직도 구습에 얽매여 성적 욕구를 비하하고, 어떠한 형태의 성에 관한 표현도 비판하는 태도를 여기저기에서 보고 있습니다. 우리가 가진 성적 욕구를 부인할 때마다 우리는 인간이 아니라 하느님

과 같이 행동하려 하고 있는 것입니다.

2. 다른 사람이 오직 우리 자신만을 위해 존재한다고 생각할 때, 다른 사람들이 우리와 다름을 보지 못하고 그들을 존중하지 못할 때 우리는 자신이 하느님인 양 행동하고 있는 것이라고 말씀드리고 싶습니다. 자신의 부인을 반려자가 아니라 하인처럼 대하는 남편은 자신이 하느님인 양 행동하고 있는 것입니다. 남편을 하인처럼 대하는 부인도 자신이 하느님인 양 행동하고 있는 것입니다. 이것은 다른 모든 인간관계에 적용이 됩니다. '너는 내가 원하는 것을 해야 한다. 너는 나의 변덕을 받아줘야 한다. 하지만 나는 네가 바라는 것, 네가 느끼는 것, 네가 필요로 하는 것이 무엇인지 모른다'라고 생각할 때 우리는 자신이 하느님인 양 행동하는 것입니다.

3. 모든 것에 대한 해답을 가지고 있어야만 한다고 생각할 때 우리는 또다시 자신이 하느님인 양 행동하는 것입니다. 성경에 의하면, 만약에 우리가 모든 해답을 알고 있다면, 만일 우리가 선과 악을 모두 가늠할 수 있다면, 우리는 곧 하느님이 되는 것입니다. 우리는 인간이기를 그만두는 것입니다. 저는 이것이 우리들이 직면하고 있는 가장 힘겨운 문제들 중의 하나라고 생각합니다. 기독교인들은 특히 이것으로 인해 어려움을 겪는 일이 많습니다. 왜냐하면 성경이 모든 해답을 제시해 주는 교과서라고 생각하기 때문입니다. 그러나 저는 성경이 모든 해답을 제시해 준다고 생각하지 않습니다. 우리가 성경을 통해 보는 것은 우리와 똑같은 인간들의 삶과 그들이 겪은 고난과 그들이 발견한 해답들입니다. 이것은 하느님이 성경 안에 계시지 않다는 말이 아닙니다. 저는 하느님이 보통 사람들의 생활과 동떨어져 계시다고 생각하지 않습니다.

내가 나 자신과 타인에 대한 모든 해답을 가지고 있다고 느낄 때 나는 다음 중의 한 가지에 해당됨을 경험을 통해 알았습니다.

- 피상적으로 생각하고 있다.
- 지금 벌어지고 있는 일의 중대성을 제대로 이해하지 못하고 있다.
- 다른 사람들 눈에 자애롭기보다는 비판적인 사람으로 비춰지고 있다.
- 성장을 멈추었다.

우리에게 있어서 삶이란 여러 가지 면에서 여전히 불가사의입니다. 인간적이라는 말은 선과 악의 의미를 항상 알고 있는 것이 아님을 의미합니다. 제 친구 중에 목회자가 한 명 있습니다. 그 친구는 '의문 속에 살아가기'라는 제목으로 설교문을 쓴 일이 있습니다. 이 말은 제가 지금 하고 싶은 이야기를 대변하고 있습니다. 진실한 삶을 산다는 것은 보다 많은 해답을 가지고 사는 것이 아니라 보다 많은 의문을 가지고 사는 삶을 의미합니다.

4. 인간적이라는 말의 또다른 의미는 자기가 책임을 져야 할 일에 대해 책임을 져야 한다는 것입니다. 이것은 쉬운 일이 아닙니다. 우리는 좋은 일에 대해서는 너무나도 기꺼이 책임을 지려고 하지만, 좋지 않은 일이 일어났을 때는 너무나도 책임지기를 꺼려합니다.

우리가 연관되어 있는 모든 인간관계는 어떠한 형태로든 책임을 수반합니다. 절친한 사람과의 관계가 깨졌을 때 우리는 모든 책임을 상대방에게 돌리는 경향이 있습니다. "만일 상대방이 나처럼 _____했더라면, 이런 일은 일어나지 않았을 텐데"라고 생각하는 일은 없습니까? 깨어진 관계를 바라보고, 자기에게 책임이 있는 부분을 인정하는 일에는 엄청난 용기가 필요하고 엄청난 굴욕이 따릅니다. 자기가 책임을 져야 할 부분이 없다고 느낄 때, "나는 완벽하다!'라고 외치며 자신이 하느님인 양 행동하고 있는 것입니다.

5. 자신의 감정을 숨길 때에 우리는 인간이기보다는 하느님인 양 행동하는 것입니다. 우리는 때때로 감정을 숨깁니다. 우리는 우리의 감정을 자기 자신에게도 숨기고 남들에게도 숨깁니다. 제 친구 중에 지금 대단히 힘든 경험을 하고 있는 친구가 있습니다. 어지간한 사람이면 눈물을 흘리고 분노할 상황에 있으면서도 그는 항상 냉정을 유지합니다. 만일 우리가 살면서 겪는 모든 상황에서 냉정을 유지한다면, 우리가 결코 눈물을 흘리지 않는다면, 결코 성내지 않는다면, 우리는 인간이 아니라 신입니다. 하느님만이 감정표현과 같은 사사로운 일을 초월한 존재입니다.

방금 이야기한 그 친구가 겪고 있는 어려움은, 자기 스스로 자신의 감정을 아직 인정할 수 없기 때문에 자신의 감정을 표현할 수 없다는 것입니다. 그는 '~해야만 한다', '~해서는 안 된다'라는 말들의 벽에 둘러싸여 갇혀 있습니다. '너는 항상 자애롭고 너그러워야 한다' '결코 너 자신을 우선시해서는 안 된다' 등이 그 예입니다. 이러한 지경에 와 있는 것은 자신이 인간이 아니라 하느님인 양 행동하고 있다는 것을 뜻합니다.

이렇게 하느님인 양 행동하는 태도는 좋은 경험이건 나쁜 경험이건 간에 인생에서 겪는 것들로부터 배우려 하지 않을 때 나타납니다. 이것은 제가 개인적으로 가장 이해하기 힘든 부분이었습니다. 저는 좋은 경험으로부터 배우는 것에는 상당히 능숙했습니다. 하지만 저에게 나쁜 일들이 일어났을 때에 저는 그것들이 누구에게도 일어나서는 안 될, 특히 나에게 일어나서는 안 될 비극이자 불공평한 일이라고 생각했습니다.

이러한 태도를 계속 붙들고 있으려 한다면, 우리를 기다리고 있는 것은 오직 비탄과 우울뿐입니다. 이렇게 하느님인 양하는 인간은 이렇게 외칠 것입니다. "이 정도의 경험에 감정이 흔들려서는 안 돼." "나는 이것보다 더 좋은 것을 가질 자격이 있어!" 자기가 마치 인간 삶의 고통 따위에 영향을 받지 않는 신인 양, 산 위에 앉아 있는, 구름 위에 앉아있는 신인 양, "나는 나쁜 경험들은 나의 몫이 아니야"라고. 저는 도저히 이런 것을 할 수가 없습니다. 저에게 주어진 선택지는 내가 경험한 것들로부터 배우느냐 마느냐입니다. 만일 배우기를 선택한다면, 배운 것들에 감탄을 할 것입니다. 그리고, 스스로가 나약함을 경험하면 거기서부터 생각지도 못한 힘이 솟아나올 것입니다. 이것이야말로 오래전부터 내려오는 기독교의 가르침입니다.

최근에 참석한 임상목회교육 프로그램을 통해 저는 이것을 새삼스레 깨달았습니다. 프로그램이 취하는 관점도 마음에 들었고, 특히 게슈탈트 집단상담을 체험한 것은 정말로 좋았습니다. 우리는 모일 때마다 항상 이렇게 물었습니다. "오늘은 우리 자신에 대해 무엇을 배울 수 있습니까?" 이러한 태도를 가지고 있으면 삶은 즐거운 모험이 되고, 우리의 영적 성장은 결코 멈추지 않을 것입니다.

우리는 다른 사람들을 필요로 합니다. 신에게는 필요하지 않지만 인간에게는 필요한 것을 마지막으로 한 가지 말씀드리겠습니다. 우리는 다른 사람들을 필요로 합니다. 이것은 지금까지 말씀드린 부족한 인간의 특성들에 은연중에 포함된 것입니다. 지금부터 명확하게 말씀드리겠습니다. 우리는 다른 사람을 돌보고 또한 그들에게 돌봄을 받아야만 살 수 있는 존재입니다. 저는 종종 생각합니다. 다른 사람에게 돌봄을 받기보다 다른 사람을 돌보는 것이 훨씬 쉽다는 것입니다. 하느님은 다른 이들에게 돌봄을 받으실 필요가 없습니다. 하느님은 그 자체로 충분하십니다. 하지만 우리는 하느님이 아닙니다. 우리는 부족한 인간입니다. 우리는 때때로 마음이 상합니다. 우리는 다른 사람을 필요로 합니다. 우리는 다른 사람들의 돌봄을 필요로 합니다.

다른 언제보다도 우리가 다른 사람들의 돌봄을 필요로 하는 때는 바로 절친한 사람과의 관계가 깨어졌을 때입니다. 이것이 바로 자조집단, 게슈탈트 집단과 같은 집단상담이 그렇게 중요한 이유입니다. 소중한 관계가 깨어졌을 때 혼자서 그 경험을 감당해 내고, 고통받지 않으며, 새로운 의미와 새로운 관계를 향해 나아갈 수 있는 사람은 거의 없습니다. 용기를 내어 다른 사람들에게 도움을 구할 때 우리의 고통은 줄어들 것입니다. 다른 사람들에게 도움을 구하는 것은 나약함의 상징이 아니라 강함의 상징입니다.

스스로가 부족한 인간임을 받아들일수록, 우리는, 그리고 교회는 훨씬 더 풍요로워질 것입니다. 지금부터 부족한 인간의 삶에 관해 말씀드리겠습니다.

- 성적 욕구에 대해 건강한 자세를 취하는 삶
- 다른 사람들을 진정으로 존중하는 삶
- 해답을 찾을 수 없는 질문들과 함께 살아가는 삶
- 자신에 대한 책임 그리고 자신의 행동에 대한 책임을 받아들이는 삶
- 자기의 감정을 인정하고 표현하는 삶
- 좋은 경험이건 나쁜 경험이건 간에 경험으로부터 배우는 삶
- 서로를 돌보는 삶

이러한 삶을 살 수 있을 때 우리는 하느님인 양하는 것이 아니라 부족한 인간으로서 살아갈 수 있는 것입니다. 스스로가 인간임을 받아들이고 기쁨 속에 살아갈 수 있는 것입니다. 이것이야말로 하느님이 창조하시고, 바라보시고, 좋은 것이라 선언하신 인간의 모습입니다.

부족한 인간으로 살아가는 것이 무엇을 의미하는가에 관해 제가 발견한 것들을 말씀드리겠습니다.

아멘

그렇게 발견의 과정은 계속되어 갑니다.

삶은 작고 단정한 상자 속에 담을 수 있는 물건이 아닙니다.

끝없는 발견.

항상 새로워지는 알아차림.

완결된 게슈탈트는 새롭게 떠오르는 게슈탈트와 자리바꿈을 하고

새롭게 떠오는 게슈탈트는 완결을 향해 나갑니다.

우리 자신에 관해 새로운 것들을 발견하며.

   - 우리 주위에 있는 다른 사람들에 관해 새로운 것들을 발견하며,

   - 우리 주위에 있는 세상에 관해 새로운 것들을 발견하며.

보다 충만한 삶의 경험을 향해 움직이며.

더 많은 의미를 깨달으며.

완전한 표현을 향한 움직임.

인간의 잠재력을 보다 많이 활용하며.

우리의 신성함과 접촉하며.

진실한 목회를 위한 준비를 하며.

… 다른 것들과 분리하여 세세한 것을 바라보는 망원경을 통해서가 아니라 얼굴과 얼굴을 마주하고 앉아 그들이 찾아 헤매는 가치를 보다 깊이 이해하려는 자세로 사람들을 바라보고… 삶이 가진 의미의 언저리가 아니라 중심에서… 생명력 넘치는 알아차림의 중심에서 그들을 만나고.[1)]

---

1) Paul E. Johnson, *Psychology of Pastoral Care* (New York : Abingdon, Cokesbury, 1953), p. 8.

부록

Frederick S. Perls(1894~1970)의 생애

게슈탈트 심리학이 개인의 성장이라고 하는 영역에 적용되게 된 것은 Frederick 'Fritz' Perls의 공헌에 힘입은 바가 크다.[1] 이를 이해하기 위해서는 Fritz의 생애를 살펴볼 필요가 있다. 이곳에서는 Fritz의 생애와 그의 이론의 발전에 관해 간단히 살펴보겠다. 이를 통해 Fritz의 이론이 그가 처한 삶의 상황으로부터 발전한 것임을 곧 알게 될 것이다. 게슈탈트는 Fritz가 행한 심리치료의 근간을 이루었을 뿐만 아니라 그의 삶의 방식이기도 했다.

Fritz는 독일의 베를린에서 태어났다. 그는 제1차 세계대전이 발발하기 전에 베를린에서 의학 공부를 시작하였으나 전쟁으로 인해 학업을 그만두었다. 그는 독일군에 입대하여 위생병으로서 복무하였다. 종전 후 의학 공

1) The information in this biographical sketch comes primarily from an interview with Perls, conducted by James Simkin in August 1966. The interview is available on audiotape and in transcribed form(The Tape Library of the American Academy of Psychotherapists, volume 31).

부를 재개하여 1920년에 의사고시에 합격하였고, 1921년에는 의학박사 학위를 받았다.

의학 공부를 마친 후 프랑크푸르트로 옮겨 가 박사 후 과정에 등록하였으며, 뇌손상 군인 연구기관인 Kurt Goldstein Institute에서 조수로 근무했다. 나중에 부인이 된 Laura를 만난 것도 이 시기인 1926년경이었다. 이 시기 동안 Fritz는 가벼운 것이긴 하였지만, 실존주의자들 및 게슈탈트 심리학자들과의 접촉을 가지게 되었다. Fritz가 접촉한 인물들 가운데에는 Buber, Tillich, Scheller와 같은 학자들도 포함되어 있었다. Fritz는 Kurt Goldstein과 함께 일하며 게슈탈트 심리학을 접하였으나 당시에는 게슈탈트 심리학적 관점의 중요성을 제대로 이해하지 못했다.

1925년부터는 집중적으로 정신분석 수련을 받기 시작했다. 처음에는 Karen Horney에게, 그 다음에는 Clara Harpel에게 지도를 받았다. 1927년에는 Helena Deutsch와 Hitschman에게 지도를 받기 위해 비엔나로 옮겨갔다.

그 후에 독일에 있는 정신병원에 근무하게 되었으나 업무에 만족하지 못했다. 이 시기에 대해 Fritz는 언제나 입버릇처럼 자기가 무엇을 했는지 잠시 어리둥절해 있었다고 회고했다. 일 년 반 가까이 정신분석가인 Harnick의 지도를 받은 일이 있었지만 무미건조함을 느끼고 Karen Horney의 조언에 따라 Willhelm Reich와 함께 정신분석 치료를 시작했다. Fritz가 정신분석가로서 처음 환자를 받은 것과 Laura와 가정을 꾸린 것은 대체로 이 시기이다.

히틀러가 정권을 잡았을 때 Fritz는 히틀러에 반대하는 정치적 활동에 연루되었다. 국회가 불타는 것을 보며 Fritz는 "이런 짓을 하고 오래 못 가지"라고 중얼거렸다.

이 시기에 Fritz는 Ernest Jones의 남아프리카에서의 정신분석 강의 제의를 수락했다. Brill로부터도 미국에서 일을 해보겠느냐는 제안을 받았지만 거절했다. 그때 Fritz는 독일을 떠날 필요성을 느끼기 시작했다. Fritz는 독일을 떠나는 것에 대한 공식 허가를 받지 못하였지만 다행히 우여곡절 끝에 아내와 함께 네덜란드로 출국을 할 수가 있었다. Fritz는 남아프리카로 떠나기 전에 잠시 네덜란드에 머물렀다. 이 시기에 Fritz는 Landau와 분석을 하였다. 그러나 Fritz와 Laura에게 있어서 이 시기는 고난과 역경의 시간이었다고 할 수 있다. 재산을 비롯하여 모든 것을 독일에 남겨두고 떠나야 했기 때문이다. 남아프리카에서의 일을 받아들인 것은 위험을 감수하는 일을 중요하게 여기는 Fritz의 견해에 일관된 선택이었다고 할 수 있다. 이 일에 관해 Fritz는 다음과 같이 말했다. "Ernest Jones는 누가 가고 싶어 하는지 물었다. 그 자리에는 나를 포함해서 모두 네 사람이 있었는데 나를 제외한 세 사람들은 확실한 보증을 원했다. 반면 나는 위험을 감수하겠다고 했고, 이처럼 살아남게 된 것이다. 그러나 다른 세 사람은 모두 나치에게 체포당했다."[2]

Fritz가 프로이트와 처음 만난 것은 1936년의 일이었다. 이전부터 비엔나에 있는 Psychoanalytic Institute와 접촉을 하고 있었지만, 프로이트를 직접 만날 기회는 가지지 못하고 있었다. Fritz는 체코슬로바키아의 Marienbad에서 열린 Psychoanalytical Congress에 참석하여 '구강적 저항(Oral Resistance)'이라는 이론을 발표하였다. Fritz에 의하면, 당시의 반응은 대단히 좋지 않았다고 한다. 학회 기간 중에 프로이트를 만났을 때, Fritz는 그의 거칠고 사람을 무시하는 태도에 대단히 실망하였다. Fritz는 후에 이 일에 대해 대단히 환멸을 느꼈다고 회고했다.

---

2) Frederick S. Perls, *Gestalt Therapy Verbatim* (Lafayette, CA : Real People Press, 1969) p. 46.

남아프리카에 있는 동안 Fritz는 *Ego, Hunger, and Aggression*을 집필하기 시작했다. 이 책의 원고를 Marie Bonaparte에게 보냈는데, 그녀는 "Perls 박사, 만일 당신이 더 이상 성욕 이론을 믿지 못하겠다면, 정신분석학회를 탈퇴해 주십시오"라면서 원고를 돌려주었다고 한다. Fritz는 그것이 믿음과 무슨 관계가 있는지 이해할 수 없었다. 그는 정신분석이 종교가 아니라고 생각했기 때문이다. 이 일로 Fritz는 자신이 개발하고 있는 새 이론이 자신을 정신분석과 결별하도록 만들 것이라는 것과 자신의 원고가 새로운 심리치료 방법의 선언문이라는 것을 깨닫기 시작했다. 이 원고는 1940년에 완성되었으며 남아프리카에서 처음 출판되었고, 제2차 세계대전 후에는 런던에서 출판되었다. 이 책이 미국에서 출판된 것은 나중의 일이다.[3]

남아프리카에서 지내는 동안 Fritz는 남아프리카 군에 정신과 의사로서 복무하였다. 이것은 그의 두 번째 군복무였다. 그는 이 경험에 관해 많은 것을 언급하지 않았지만, 이 시기의 경험도 그의 이론 형성에 도움을 주었을 것으로 추측된다. 환자들을 치료하면서 Fritz는 전통적인 정신분석적 접근이 제한된 효과 밖에 가져오지 못하는 경우가 많음을 발견했다. 그는 Ian Smuts의 총체적인 사고방식에 크게 영향을 받았다. Smuts가 사망하고 남아프리카에 인종차별운동이 번져가기 시작했을 때, Fritz는 움직여야 할 때라 여기고, 캐나다를 경유하여 미국으로 옮겨왔다. 그는 1923년에 미국에 온 적이 있었는데, 그 당시의 인상이 그리 좋지 않았기 때문에 미국으로 이주하는 것을 그다지 마음 내켜하지 않았지만, 미국이 그에게 남겨진 유일한 선택지라고 느꼈다.

Fritz는 처음에 뉴욕에 왔을 때 도시의 열기를 견뎌내지 못하고 코네티컷

---

3) Frederick S. Perls, *Ego, Hunger, and Aggression* (San Francisco : Orbit Graphic Arts, 1966).

의 New Haven으로 옮겨갔다. 그곳에서 Fritz는 다른 정신과 의사들의 지원을 거의 받을 수 없었고, 남아프리카로 돌아가려고 하고 있었다. 그때, Washington School of Psychiatry의 Erich Fromm과 Clara Thomson에게 격려를 받고 미국에 머물기로 결심했다. 이 두 사람의 격려로 Fritz는 다시 뉴욕으로 돌아갔다. 뉴욕에 도착한 지 6주도 지나지 않아 Fritz를 찾는 환자들의 예약은 넘쳤다. 뉴욕에 있는 동안 Fritz와 Laura는 New York Institute of Gestalt Therapy를 설립하였다.

일은 잘 되어가고 있었지만, Fritz는 자신의 입장과 Washington School 사이에 너무나도 명백한 이론적 괴리가 있음을 점점 더 의식하게 되었다. 그는 Washington School의 정신분석가들과 좋은 관계를 유지하고 있었지만, Clara Thomson과는 극단적으로 견해가 달랐다. 그는 개인이 사회에 적응하는 것이 그녀가 주장하는 만큼 중요하다고 인정할 수가 없었다.

Fritz가 *Gestalt Therapy*를 저술하고 있던 것은 이 시기이다. Fritz는 남아프리카에 있는 동안 Paul Goodman의 저서를 읽고 생각을 표현하는 그의 능력에 크게 감화를 받았다. 그래서 Paul Goodman 및 Ralph Hefferline과 함께 *Ego, Hunger, and Aggression*의 기본 주제들에 새로운 표현을 부여하였다. Ralph Hefferline는 컬럼비아 대학교에서 학생들과 함께 게슈탈트 실험을 진행하였다. 이로써 게슈탈트 치료가 정식으로 미국에 소개되었다. '게슈탈트 치료'라는 명칭은 Fritz가 만들었지만 그의 동료들 중에 몇몇은 이 명칭을 그다지 좋아하지 않았다. 특히 그의 아내와 Paul Goodman은 **집중치료**(Concentration Therapy)와 같은 명칭을 사용하기를 원했다.

Fritz는 방랑자였다고 할 수 있다. 책이 출판된 이후 뉴욕에 머무를 수도 있었지만, 그는 다른 곳으로 옮겨가기로 결심하였다. 이때 옮겨가게 된 데에는 다음과 같은 몇 가지 사정이 있었다. (1) Washington School과의 이론적 괴리, (2) Laura와의 불화, (3) 건강악화. 그래서 그는 홀로 플로리다 주의 마이애미로 갔다. Fritz가 자기 자신을 발견하게 된 것은 이 시기였다. 그는 Miami에서 심리치료에 종사하였다. 그리고 워크숍을 열며 전국을 여행하였다. 그러고 나서 Fritz는 "정신과에서 하는 일에 정말 질렸습니다. 그래서 그냥 떠났죠. 모든 것에서 해방되어 긴 여행을 떠났습니다. 14개월 동안이나 말이죠. 이 여행 동안 방문한 곳 중에 두 곳이 정말 마음에 들더군요. 한곳은 일본의 쿄토고, 다른 한곳은 이스라엘의 Elat였습니다"라고 회고했다.[4]

Fritz는 California의 Hot Springs에 정착하였다. 대부분의 사람들이 은퇴를 할 나이에 Fritz는 Esalen 운동에 깊이 몰입하기도 하고, 현역 심리치료자로서의 활동을 계속하였으며, 강의를 하고, 워크숍을 진행하는 등 왕성한 활동을 보여주었다. 1966년의 American Psychiatric Association의 연차대회에서는 기조연설을 하도록 초청받기까지 했다. 마침내 게슈탈트 치료가 인정을 받은 것이다.

이제 70대 후반이 된 Fritz는 1969년에 Canada의 Lake Cowichan으로 가 그곳에 Gestalt Institute를 설립하였다. 그 다음으로는 New Mexico에 Gestalt Kibbutz를 계획하였다. 1969년 후반에 Fritz는 그의 마지막 워크숍 여행에 나섰다. 그리고 1970년 Chicago의 한 병원에서 향년 76세로 생을 마감했다.

Gestalt Institute of New York과 Esalen이 설립된 이후, 미국에 많은 게슈탈트 치료기관들이 설립되어 게슈탈트 치료와 교육이 이루어지고 있다. 20세기 말에는 게슈탈트 접근법이 미국에서 네 번째로 많이 활용되는 상담/

---

4) For further details about the life of Fritz Perls refer to the autobiography Frederick S. Perls, *In and Out of the Garbage Pail* (Lafayette, CA : Real People Press, 1969), and Martin Shepherd, *Fritz* (New York : E.P. Dutton, Inc., 1975).

성장의 접근법이 되었다. 21세기가 시작됨에 따라 우리는 전 세계에서 게슈탈트 접근법에 대한 관심이 고조되고 게슈탈트 치료기관의 수가 늘어나는 것을 목격하고 있다.[5]

Fritz는 "나는 게슈탈트 치료의 창시자라고 불려왔다. 그건 터무니없는 이야기이다"라고 말했다. 하지만 역사는 의심할 여지없이, 앞으로도 계속 Fritz의 공헌에 경의를 표할 것이다.

---

5) For an excellent collection of articles on the Gestalt approach and a listing of books, journal articles, chapters, unpublished papers, films, tapes, etc. see : Hatcher and Himelstein(Eds.), *The Handbook of Gestalt Therapy* (New York : Jason Aronson, 1976).

   Resources also may be found on the World Wide Web. Particularly recommended is : ⟨http ://www.gestalt.org⟩, E mail : tgjournal@gestalt.org

찾아보기

＊ ㄱ

감각 12

감각 경험 13

개체성 29

게슈탈트 게임 47

게슈탈트 실험 59, 83

게슈탈트 집단의 특성 99

게임 49

경계 73

경험의 외부영역 102

경험의 중간영역 102

과장하기 55

교착 상태 77

귀납적 관점 4

꿈 작업 101, 57

꿈의 통합 57

＊ ㄴ

내 탓이요 51

내담자 중심 상담 44

내부영역 102, 61

내사 25

내파 75

눈뜨게 하기(orienting the self) 59

＊ ㄷ

대화 게임 50

동일시 67

동화 92

뜨거운 의자 57

✳ ㅁ

막다른 골목 77

미분화된 자아 31

미완결 게슈탈트 7

미해결 과제 7

✳ ㅂ

반대로 하기 53

반동 형성 27

반전 26

배경 23

불안 55

비무장지대 61

비합리적인 신념 62

✳ ㅅ

사전연습 54

상호 공생관계 31

소외 67

신경증적 행동 62

신념체계 62

신체 심리치료 49

신체화 증상 27

✳ ㅇ

아담과 이브 24

알아차림 6, 81

알아차림 유도하기 85

알아차림의 연속선 48

양파 껍질 벗기기 14, 41

억압 27, 65

역설적 변화이론 43

역전이 39

역할행동 54

영적인 성장 14

외부영역 61

유기체 9

유기체의 자기조절 67

융합 28

인격의 구멍들 106

✳ ㅈ

자기 66

자기몰입 18

자기인식 31

자기자각 103

자기초월 18

자아 13, 66

자아의 초월 15

자유연상 102

잠재력 53

전경 23

전의식 56

전이 27, 39

전인성 2

절정 경험 68

접촉 54

접촉과 후퇴의 리듬 54

정말 느껴보기 83

정신분석 102

주의집중 6

중간영역 61

지금 여기 36

지금의 원칙 45

집단역동 99

✳ ㅊ

창조적인 흥분 67

초개인적인 경험 68

총체적인 알아차림 12

취소 27

✳ ㅋ

쿠션 대화 58

✳ ㅌ

통합 102

투사 23

투사 게임 53

✳ ㅍ

폭발 79

✳ ㅎ

합리적 정서치료 62

해소 61

형성 61

환상 62

환상 여행 56

후퇴 54

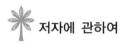

저자에 관하여

Ward A. Knights Jr.(신학석사, 신학박사)

저자는 Unitarian Universalist 교회의 목사이며 게슈탈트치료 전문가이다.
그는 Vanderbilt 대학교에서 목회신학 및 상담학 박사학위를 받았다. 또한
Andover-Newton 신학대학교에서 신학석사 학위를 취득하였으며 John Brown
대학교에서 학사학위를 받았다. Gestalt Institute of Cleveland, Gestalt Institute
of Houston, Gestalt Institute of Minnesota에서 수련하였다.

Kights 박사는 수많은 논문과 저서를 집필하였다. 그는 교구목사, 병원교회
목사, 군목, 게슈탈트 치료자, 임상목회교육 수련감독자이며 신학대학교에
서 강의를 하고 있다.

역자에 관하여

윤인(Ph. D. in Educational and Counseling Psychology)
연세대학교 문과대학 교육학과 졸업
미국 University of Missouri-Columbia, MO. USA 상담심리학 박사
한동대학교 상담사회복지학부 겸임 교수
가정행복아카데미 서울 본부장
게슈탈트 심리치료 전문가
기독 상담 전문가 (감독 전문가)

〈저서 및 논문〉
아이들에게로 열린 창-아동 청소년을 위한 게슈탈트 예술치료 (공역, 학지사)
게슈탈트접촉경계 장애와 문화자아개념 외 다수

이한종

서울대학교 교육학과 및 동 대학원 졸업

일본 와세다 대학교 임상심리학 박사과정 수료

일본 심리학회 인증 심리사

일본 교류분석협회 인증 교류 분석사

일본 토코로자와 시 학교 부적응 청소년 지도위원

분당 사회관, 허종 한의원 심리 상담원

한양대학교 및 가정행복 아카데미 강사